大西好宣

海外留学支援論

グローバル人材育成のために

東信堂

まえがき

　本書は海外留学を前向きに捉えようという姿勢を基調として編まれたものである。そのことは、タイトルに「支援」の二文字が含まれていることからも感じ取っていただけるのではないだろうか。留学を肯定する気持ちはいわば筆者の信念であり、そうした想いは何より自身が体験した5年にも及ぶ留学生活がその土台となっている。

　さらに、国際協力の実務家として、20年近く海外の大学改革に携わったり、留学生に奨学金を支給する国家プロジェクトに関わったりしたことも、留学という非日常的な行為への個人的な、そして学術的な関心を大いに高める契機となった。大学教員として幾多の留学プログラムに関わっている現在、留学はもはや筆者にとってごく日常的な存在となっている。

　本書はこの20年間に筆者自身が認めた留学関連の論文をもとに、情報やデータをアップデートするなどかなり大幅に加筆修正し、テーマごとにまとめた上で改めて全体を再構成したものである。過去の拙稿を自ら再読し、たとえ時代は変わっても、個々の論文で当時訴えたことの本質的な価値は今に至るも全く変わっていないと確信出来たことは、本書執筆の思わぬ副産物であった。

　さて、本書にはもう一つ異なる性格がある。それは、もともと筆者が千葉大学で担当する授業において、教科書として使用するために編んだという側面である。筆者の知る限り、海外への留学を主として学術面から包括的に扱うこうした書籍は今までなかった。

　実際の授業では、多様な視点を提供するという意味合いから必要な情

報をその都度、論文のコピー或いは書籍の一部プリントといったアドホックな形で配布することも可能ではあるものの ── またそうした事例は現実に多いであろうが ──、やはり大学で学ぶ内容としては教科書として体系的にまとめられているという点も、多様性と共に重要だと考えた結果である。

とは言え、本書に書かれた内容を全て理解するには、おそらく大学院レベルの知識が必要であろう。けれども焦点を絞り、エッセンスのみを抽出するなど教え方を工夫することによって、筆者としては学部レベルの使用にも十分に耐え得るのではないかと期待する。

千葉大学における授業が、1コマ90分の授業を計8回行うことを基本としているため、本書は概ねそれに対応した章立てとなっている。但し、最終章の留学支援専門職に関する部分は、将来そうした職に就くことを目指している大学院生や社会人向けといった色彩が濃いため、学部レベルであればスキップすることも可能である。

本書を執筆するに当たって多くの方々にお世話になった。とりわけ、本書の価値を最初に認めて下さった東信堂の下田勝司代表には衷心より謝意を表したい。その他の方々についても、個別に記すことはしないものの、この場を借りて心より感謝申し上げたい。

2019年8月　令和最初の夏に

大西　好宣

第Ⅳ部　留学支援のために

巻末付録

海外留学支援論
── グローバル人材育成のために ──

序章　海外留学の目的と理念

1　留学の歴史

　アジアの政治思想史を専門とする大久保 (2019) によれば、日本語の「留学」という語の起源は遣隋使・遣唐使の時代にまで遡るという。「遣隋使や遣唐使とともに中国や朝鮮に派遣され、十数年の長期にわたって在留し、学問や仏教を学ぶものを、『留学生』と呼んだ」ことがその始まりである。

　歴史家の河合 (2019) によれば、遣隋使・小野妹子に連れられて中国に渡った留学生に、南淵請安、僧旻、高向玄理らがいる。これらの留学生がその後、大化の改新でそれぞれ重要な役割を果たすことは、多くの人の知るところである。

　遣唐使時代の留学生には阿倍仲麻呂[1]がいる。私たちは国語の時間、百人一首で有名な歌「天の原ふりさけみれば春日なる三笠の山にいでし月かも」がその阿倍仲麻呂の作であり、そこには限りない望郷の思いが込められていることを学ぶ。

　仲麻呂と同じ717年に留学生として唐に渡った吉備真備は帰国後、右大臣にまで昇りつめ政の中心人物となった。『続日本紀』には「使に従ひて唐に入り、留学して業を受く」と記されている (大久保、2019)。いずれにしろ、遣隋使・遣唐使の時代には、中国や朝鮮を中心とする海外への留学は仏教を学ぶという意味合いが強かったこと、そして皆等しく国家的使命を帯びていたことが特徴である。

　さらに戦国時代には、広義の留学生の事例として千々石ミゲルらの一行がいる。こちらは同じ宗教でもキリスト教をより深く学ぶことを留学の目的とし、派遣先もこれまでのアジアではなく欧州であったことが注目される。1582 年に日本を発ち、天正 18（1590）年に帰国したことから、天正遣欧少年使節団と呼ばれることが多い。

　そして江戸時代末期、ペリー提督による黒船来航に驚いた幕府が、真っ先に実行したことは海外の視察であった。咸臨丸、勝海舟、福澤諭吉、学問のすすめ、西洋事情、脱亜入欧。日本人であれば、歴史の授業で習った幕末から明治維新にかけての洋行に関する様々なキーワードが浮かんで来るだろう。

　前頁の大久保（2019）がその時代の留学生の先駆けとして紹介するのは、西周と津田真道である。1862 年、二人は 7 か月をかけてオランダに到着する。彼らはその間、まるで鑑真和尚のような船の難破や孤島への避難を経験し、留学は文字通り命がけだったという。二人が学んだのは自然法、国際法、国法学、経済学、統計学などで、その内容はもちろんその後、日本で翻訳・紹介された。つまりこの時代も、海外留学は選ばれた少数のエリートたちによる国家の存亡を賭けた行為だったのである。

　しかし第二次大戦後から現在にかけて、その様相は激変する。ノーベル賞学者、政治家、宇宙飛行士、俳優、世界的企業家、ミュージシャン。エリートによる留学は依然として残るものの、今日ではその職業や身分を問わず、多くの一般の日本人が比較的気軽に海外へ留学する。高校生、大学生、社会人、果てはシニア世代と、留学のタイミングや留学生自身の年代もまちまちで、留学の目的さえ学位取得、研究、国際交流と多様である。

　最近では、米フロリダ大に留学した陸上短距離のサニブラウン選手、同じく米ゴンザガ大に留学したバスケットボールの八村塁選手、スペインFCバルセロナに留学したサッカーの久保建英選手など、スポーツでの活躍を目的とした留学も一般的になって来た。そして、こうした有名

選手の留学を多くのメディアが取り上げることで、海外留学という行為自体がかつてないほど人口に膾炙して来ている印象がある。

2　海外留学の理念型

　そもそも我々は何故、海外から外国人留学生を受け入れたり、自国の学生を海外へ送ったりするのであろうか。実はそのような、いわば留学の「理念」に関する学術上の先行研究は、世界各国の留学生政策の「方法論」に関するそれに比して、残念ながら極めて少ないのが現状である。海外留学という行為があくまで実践に主導され、制度や理念は後から付いて来たことの何よりの証左であろう。

　幸い、国内における数少ない、しかし代表的な研究として、江淵 (1997) による留学生受け入れに関する理念モデルがあるので、ここではそれを最初に紹介したい。江淵は、米国にある Institute of International Education（IIE）の事例を参考に、国や地域によって異なるという次の七つの理念型をまとめた。

　① 個人的キャリア形成モデル
　② 外交戦略モデル（国際協力・途上国援助モデル）
　③ 国際理解モデル
　④ 学術交流モデル（研究活性化モデル）
　⑤ パートナーシップモデル（互恵主義モデル）
　⑥ 顧客モデル
　⑦ 地球市民形成モデル

　江淵はこれらのモデルを基に、現実の政策に対しても専門家として積極的な発言を行っている。例えば、1983年の「21世紀への留学生政策に関する提言」に対する批判はそのうちのひとつである。わが国で初めて

留学生政策を国家戦略として位置づけたこの提言自体は、いわゆる「留学生10万人計画」として知られる。

　その計画の冒頭において、「我が国における留学生政策の課題」と題し、留学生受け入れの重要性がこれまでになく強調されている。しかし、江淵は「率直にいって、この『提言』は、方法論議に比し理念論議があまりにも少ない。ある意味では、あたかも、留学生受け入れの意義は"自明の理"あるいは"当然のこと"とされているかのような印象がある」と、その理念の欠如を批判する。さらに加えて、計画では留学生政策を「対外政策の中心に据えてしかるべき重要国策の一つ」とまで宣言しながら、今ひとつ外交戦略としての明確な位置づけがないことについても、江淵は批判的な意見を述べている。

3　追加された新たな理念型

　江淵のまとめた七つの理念型モデルに、現代的な視点から改良を加えたのは、横田・白土（2004）である。二人は自身の研究や経験を基に、次の二つを新たな理念型として加えている。

　⑧ 経済発展モデル（上記⑥顧客モデルの発展型）
　⑨ 高度人材獲得モデル

　さらに、寺倉（2009）は実務家としての観点から、江淵同様、上記の10万人計画が「数値目標の達成に囚われ」たため、「留学生をなぜ増やすのかという本質的な議論が忘れられがちになった」と指摘する。加えて、英国、オーストラリア、シンガポール、中国などの国々の留学生政策、ならびにわが国のいわゆる「留学生30万人計画」（10万人計画の後継政策。後の章で詳述）を俯瞰し、現代ではどの国も国益確保のため、上記の⑨高度人材獲得モデルが優勢になりつつあると主張する。

　2010年以降のわが国では、こうした高度人材のことをグローバル人材と呼ぶことが多い。当初は外国人留学生等も含めた用語であったが、次第に主として日本人を指すものに変化して来た。次章ではこのことについて考えてみる。

注

1　小倉百人一首では阿倍仲麿と表記。

参考文献

江淵一公（1997）『大学国際化の研究』、玉川大学出版部
大久保健晴（2019）「翻訳語事情」読売新聞7月1日朝刊
河合敦（2019）『晩節の研究偉人・賢人の「その後」』幻冬舎
首相官邸（2008）「留学生30万人計画」骨子
寺倉憲一（2009）「留学生受入れの意義 ── 諸外国の政策の動向と我が国への示唆 ── 」『レファレンス』平成21年3月号、p.3.及びpp.51-72.
文部省・21世紀への留学生政策懇談会（1983）『21世紀への留学生政策に関する提言』
横田雅弘・白土悟（2004）『留学生アドバイジング　学習・生活・心理をいかに支援するか』ナカニシヤ出版

| コラム0：書評 |

寺沢　龍著『明治の女子留学生 ── 最初に海を渡った五人の少女』

　本書は日本人留学生の大先輩とも言うべき明治の女性たちについて、その生涯を丹念に追った貴重な記録である。後半、梅子や捨松を取り巻く人々の描写により多くの説明が費やされ、筆が流れた嫌いはあるものの、それとて本書の価値をいささかも減じるものではない。

　タイトルにもある五人の少女とは、津田梅子、永井繁子、山川捨松、吉益亮子、上田悌子で、いずれも明治四（1871）年11月、岩倉使節団の一員として米サンフランシスコへと旅立った、近・現代におけるわが国初の女子留学生たちである。このうち、本書の中心となるのは、津田塾大学の創設者としても名高い津田梅子（応募時6歳）その人である。

　梅子に関しては、大学関係者の尽力もあってか豊富な資料が揃い、従来から多くの伝記が刊行されてきた[1]。しかしながら、本書は1984年に偶然発見された新資料（梅子と留学先の母親代わりであったランマン夫人との29年間にわたる大量の書簡）をも反映したものとなっており、帰国後の梅子の仕事に向けた決意、悩み、心の移ろいまでが見事に活写されている。

　その他にも、留学先での戸惑い、ホームシック、語学の壁、留学生同士の連帯、学業の達成感、帰国後の就職の困難さと周囲の無関心、いわゆる逆カルチャーショック、仕事か結婚かの選択、国への忠誠心と日本の発展に賭ける思い、留学時代の恩師・友人たちとの継続的な交流、新しい教育への熱意など、本書には現代の留学生問題にも共通する様々な事柄が描かれている。

　例えば、留学先で苦労する梅子を、あらゆる場面で救ったのが同じ留学経験者の森有礼[2]であったこと、そして帰国後に一時自暴自棄となった梅子を助けたのも、やはり海外視察を経験した伊藤博文[3]であったことは、当時の留学生の孤独を物語る事実として象徴的だ。いや、留学したからこそ味わうこうした疎外感というものは、現代の日本にも大なり小なり残るものかもしれない。

　それでも、彼ら彼女らが決して希望を失わず、当時の日本に新たな
教育の種を蒔こうと努力したことは、読者である我々を勇気づける。
結果として梅子は無事に津田塾大学を創設できたが、その陰には多く
の留学生仲間や梅子の留学先の恩師・知人による励ましや協力があっ
た。同じ時代、青山学院大学や上智大学、同志社大学など、主要な私
立学校の多くは、これらの有名無名の元留学生たちによってその礎が
築かれた。本書はそれらの事実を余すところなく伝えている。

　留学する日本人は2004年度の82,945人をピークに減り続けているそ
うである。そのような時代だからこそ、我々は今一度原点に立ち返り、
海外留学の意義を再確認してみたい。留学事情ばかりでなく、当時の
時代背景なども含めて描かれている『洋行の時代』(大久保喬樹著、中公
新書) と併せ読むことを推奨する。

（平凡社新書、2009年1月、283頁、税抜800円）

注

1　例えば、吉川利一『津田梅子』中公文庫、1930年（文庫としては1990
　　年）、或いは山崎孝子『津田梅子』吉川弘文館、1962年など。
2　後に初代文部大臣となり、現・一橋大学の創設にも尽力。
3　初代内閣総理大臣。

第Ⅰ部　グローバル人材

第1章　グローバル人材とは何か

1　はじめに

　21世紀に入って以降、洋の東西を問わず、「グローバル」という単語がこれまでになく頻繁に用いられるようになってきた。それが余りに様々な場面に及ぶことから、今では一種の社会現象としての有様を呈している。例えばわが国の教育分野に限ってみても、グローバルな視野を持つ人材、教育のグローバル化、大学のグローバルなネットワーク、留学で得たグローバルな体験など、その用例は枚挙に暇がない。

　中でもとりわけ注目を浴びているのが、「グローバル人材」という用語であろう。多くの教育機関がその育成を謳い、経済界が大きな期待を寄せる傍ら、その意味するところは実は人により様々で、昨今では言葉だけが一人歩きしている印象さえある。

　そこで本章では、これまで「グローバル人材」がどのような意味合いで用いられて来たか、まずその変遷を辿る。次に、この用語に関する主要な定義や研究成果をまとめて比較・概観し、最後に現実の新聞記事に見るグローバル人材の報道内容がどのようなものかについて併せ比較検討してみたい。

2　歴史的変遷と用語の定義：政策の場におけるグローバル人材

(1)　立法府における議論

　国会の公式データベースを検索してみると、政治家による国会論戦の場でグローバル人材という用語が最初に登場したのは 2006 年 11 月 2 日、参議院・経済産業委員会でのことだということがわかる。当時の甘利明・経済産業大臣（自由民主党）の発言で、同省内にグローバル人材マネジメント研究会を立ち上げた、という記録が残っている。ただ、発言を仔細に読めば、この場合のグローバル人材とは今日一般的に用いられているような意味ではなく、主として外国人の高度人材を指していることがわかる。日本に研究或いは留学で来た多くの外国人たちが、日本の企業に就職したは良いものの、企業の側は外国人のキャリアパスを明確に示せない、これでは優秀な外国人が日本に来て働いてくれないではないか。そうした問題意識を下敷きにした発言である。

　次に登場するのはその 4 年後、2010 年 3 月 26 日に開催された、参議院本会議のことである。当時の川端達夫・文部科学大臣（民主党）が同じ党の議員の質問に答えて、「我が国の国際競争力の強化、グローバル人材の育成などの観点から、より多くの日本人学生が海外留学を経験することが望ましい」と発言している。この時の用いられ方は、現在一般的にイメージされている、主として日本人をイメージしたグローバル人材の意であろう。

　同じく国会の公式データベースによれば、それ以降 2019 年 8 月 5 日まで、国会発言の中でグローバル人材という用語は実に計 203 回も登場しており、いずれの場合も主として日本人を指している。

　つまり、2006 年 11 月 2 日の参議院・経済産業委員会における初登場時のみが、主として外国人を念頭に置いたグローバル人材だったという点で唯一の例外であり、グローバル人材の当初の意味は今とは異なっていたという点が重要である。この点は後述する藤山（2012）も同様の指摘

をしており、ここではひとまずその事実のみを記憶に留めておこう。

(2)　行政府における議論と言葉の定義

　行政府である中央省庁によるグローバル人材関連の議論には、推進する主体の違いによって二つの大きな流れがある。一つは、経済界の意向を反映すべく、経済産業省が中心となって進めたもの、もう一つは人材養成及び教育といった側面から文部科学省が音頭をとって推進してきたものである。そのうちまず、経済産業省は2009年11月、「産学人材育成パートナーシップグローバル人材育成委員会」を組織した。同省は当初、主として高度な技能を持った外国人労働者をグローバル人材と呼称していたことは既に述べたが、その後定義を部分的に変更したのか、2010年4月、上記グローバル人材育成委員会の報告書の中でグローバル人材を以下のように改めて定義した。日本人対象とは断わっていないものの、少なくともそれ以前のように外国人労働者のみを指したものでないことは文言から明らかであろう。

　　グローバル化が進展している世界の中で、主体的に物事を考え、多様なバックグラウンドをもつ同僚、取引先、顧客等に自分の考えを分かりやすく伝え、文化的・歴史的なバックグラウンドに由来する価値観や特性の差異を乗り越えて、相手の立場に立って互いを理解し、更にはそうした差異からそれぞれの強みを引き出して活用し、相乗効果を生み出して、新しい価値を生み出すことができる人材（出典：『産学人材育成パートナーシップグローバル人材育成委員会報告書 ── 産学官でグローバル人材の育成を ── 』p.31）

　一方、文部科学省はそれより遅れること1年、「産学連携によるグローバル人材育成推進会議」を組織し、その最終報告書の中でグローバル人材を次のように定義している。わざわざ「日本人としてのアイデンティ

ティ」と断わってあることからして、日本人のみを対象とした定義であることは自明であろう。

　　世界的な競争と共生が進む現代社会において、日本人としてのアイデンティティを持ちながら、広い視野に立って培われる教養と専門性、異なる言語、文化、価値を乗り越えて関係を構築するためのコミュニケーション能力と協調性、新しい価値を創造する能力、次世代までも視野に入れた社会貢献の意識などを持った人間（出典：『産学官によるグローバル人材の育成のための戦略』p.3）

　さらに、こうした二つの大きな流れを受け、それを取りまとめたのが首相官邸である。具体的にはグローバル人材育成推進会議がそれで、審議の回数は計 4 度に及んでいる。同会議の長は内閣官房長官、他の構成員は外務大臣、経済産業大臣、文部科学大臣、厚生労働大臣、そして国家戦略担当大臣である。なお、当時は民主党政権であった。

　2012 年 6 月に公開された審議まとめ『グローバル人材育成戦略』では、グローバル人材の定義こそ明確に書かれてはいないものの、グローバル人材の概念として以下のような要素が含まれるといった、経済産業省及び文部科学省によるこれまでの議論をほぼ追認している。

○要素Ⅰ：語学力・コミュニケーション能力
　要素Ⅱ：主体性・積極性、チャレンジ精神、協調性・柔軟性、責任
　　　　　感・使命感
　要素Ⅲ：異文化に対する理解と日本人としてのアイデンティティー^{（ママ）}
○このほか、（中略）幅広い教養と深い専門性、課題発見・解決能力、チームワークと（異質な者の集団をまとめる）リーダーシップ、公共性・倫理観、メディア・リテラシー等（出典：『グローバル人材育成戦略』p.8）

(3)　政府によるグローバル人材の具体的な育成戦略

　これまで見て来た3編の報告書のうち、2編がそのタイトルに「戦略」と謳っているように、グローバル人材をただ定義するだけでなく、政府としてその具体的な育成方法にも触れていることが全ての報告書に共通する特徴である。具体的には、1）高校生や大学生を含む日本人の若者の海外留学促進策、そして2）それを支える本邦大学の国際化に向けた改革案、が二つの大きな柱となっている。実際、文部科学省はこうした文脈を背景に2014年から「スーパーグローバル大学創成支援」事業を開始し、世界での競争力やランキングを高めたいと願う国内37の大学を選定し支援している[1]。

　こうした経緯について、苅谷（2017）は次のように図式化している。

　「日本の成長・発展」のためには「グローバル人材の育成が必要」→それを実現するためには「大学のグローバル化」が必要→そのための目安として「今後10年間で世界大学ランキングトップ100に10校以上をランクインさせる」ことを具体的目標として設定

　杉村（2012）は、早稲田大学の黒田一雄ら高等教育研究者との対談で、「グローバル人材は英語が話せればいいのかということになってしまうと、非常に狭い意味になるので、そこを議論する必要があります」と提言している。ここまで見てきたように、政府はそうした声に応えるかのように、グローバル人材に求められる英語力以外のスキルや能力を定義し、それを実現するための方策にまで踏み込んでいる。こうした政府の努力にはある程度の評価を与えても良いのではないだろうか。

3　これまでの研究

　グローバル人材に関する政府及び教育界、経済界における最大公約数的な定義が明らかとなったところで、関連するこれまでの主要な研究を以下に紹介したい。

(1)　「グローバル」と「国際」

　「グローバル（global）」と似た用語に「国際（international)」がある。両者の違いについて、アルク教育総合研究所（2015）は、「『国際』は国同士の関係性」で考え、「『グローバル』は地球単位で考える」ことを指すとする。また、グローバル化とはもはや現象であり、今となっては止めることも後戻りすることも出来ないとその不可逆性を重視している。

　これに対して、一般社団法人グローバル教育研究所理事長の渥美はアルク教育総合研究所のインタビューに答える形で、現在の日本を批判する。すなわち、1980年代末までの日本における「国際化は『欧米化』に他ならなかった」が、グローバル化とはフリードマン（2006）が指摘するように世界中の人々の意識改革そのものであるという。彼女によれば、そうしたグローバル化は早くも1990年代に始まっているものの、多くの日本人には意識改革は起こらず、今もただ流行に乗り遅れまいと、意味もわからないままグローバルという言葉を使っているに過ぎないと警鐘を鳴らす。

　他方、森本（2014）は企業家の立場から、グローバルと国際の違いを「自国を含むかどうかにある」とする。彼によれば、「グローバルというときは、特定の国を中心とすることなく、全ての国が地球の上で相対化される。ところが、インターナショナルというときには、自国以外を意味するのだから、自国に中心がある。自国を中心として、他の国を相対化する視点である」という。その際のグローバルとは、上のフリードマンが言う「フラット化する世界」にかなり近い概念であろう。

(2)　「グローバル人材」前史としての「国際人」

　本章の冒頭で述べたように、グローバルから派生し、現在最も多く使われるようになった用語の一つがグローバル人材である。藤山（2012）はこの用語の登場について、「外向き」を意識した人材育成のあり方と捉え、同様の試みは1990年前後の日本にもあったと指摘する。当時の「日本社会では『国際化』がよく使われるようになり、その一環として『国際人』になるということが人材像の1つとして登場していた。(中略) 2010年代における『グローバル人材』と1990年代の『国際人』は、ともに日本経済の危機のなかで登場してきた」というのである。

　さて、国際人とグローバル人材とはどのように違うのであろうか。藤山は1988年の文部省（当時）による『我が国の文教政策』と2012年の首相官邸による審議のまとめ『グローバル人材育成戦略』を比較することで、両者が求める人材像の差異を浮き彫りにしている。それによれば、前者は「世界の中の日本人として国際的にも信頼される人間に育てること」が大切と謳い、そのために必要な能力として「それぞれ固有の歴史、文化、風俗、習慣等に対する理解、外国語教育の充実、日本人としての自覚を高め、日本の文化や歴史に関する理解」が重要だと述べる。後者の『グローバル人材育成戦略』については既に紹介したので、ここでは省略しよう。

　時代の異なる二つの文書を比較した藤山の結論は、「『語学力』『異文化理解』『日本人としてのアイデンティティ』については、表現の違いを除けば基本的に同一」だが、「語学力のウェイトが以前に比べて大きくなったこと」がグローバル人材の特徴であるという。そしてもう一つの差異は、『グローバル人材育成戦略』が謳った「主体性・積極性、チャレンジ精神、協調性・柔軟性、責任感・使命感」という文言が、1988年の『我が国の文教政策』では具体的に触れられていないことだと述べ、こうした事柄は「経済産業省が提示する『社会人基礎力』と似通った要

素」であるとも指摘する。

(3)　グローバル人材に必要な資質やスキル

　グローバル人材に必要だと考えられる具体的な資質やスキルについては、経済界からも提言がある。例えば、日本経団連（2004）は、『日本人社員の海外派遣をめぐる戦略的アプローチ』の中でグローバル人材に求められるビジネス上の能力や要件について、次の10種類を列挙している。すなわち、1）業務知識・業務遂行能力、2）管理能力（人事管理スキルを含む）、3）本社との間の情報伝達と発信能力、4）コミュニケーション能力、5）異文化適応力・環境変化への順応性の高さ、6）対人関係能力、7）リスクマネジメント力、8）企業の社会的責任（CSR）等に関する意識、9）健康（身体・メンタル）、10）家族の適応力、という10項目である。

　さらに、早稲田大学教育学部の学生1,016名（うち有効回答数572名）を対象に意識調査を行った、姉川（2016）による報告も極めて興味深い。当該調査では、2011年度中小企業産学連携人材育成事業の一環として行われた「大学におけるグローバル人材育成のための指標調査」で用いられた、グローバル人材に必要だと考えられる17の資質項目が用いられている。因みに、回答を寄せた572人の学年別内訳は、1年生187名、2年生107名、3年生140名、4年生104名、5年生以上17名、学年不明17名となっており、留学経験を持たない者が428名（78.0%）と多数派を占める（23名が無回答）。

　姉川は当該学生に対して、上記17の項目（**表1-1**参照）を示しながらグローバル人材に関する次の二つの質問を投げかける。すなわち、「グローバル人材の資質として大学卒業時までに次のことを身につけることが重要だと思いますか（上位三つ）」、続いて「次のことがらを大学生活において、どの程度身につけたと思いますか」の二つの質問である。前者は学生の考える理想、後者は現実ということであろう。

　当該調査の結果について、わかりやすく筆者なりに加工してみたのが表1-1である。計17の資質項目について、学生たちの考える理想と現実を併記してある。参考として両者の順位の差を取った。その絶対値が大きいほど、理想と現実の差が激しいということになる。

　まず、学生が重要だと思う項目を見てみよう。調査を総括した吉田(2016)の見方では、現代の学生たちは主体性を持つこと（①）や好奇心・チャレンジ精神を涵養すること（④）については大事だと考えているものの、ナショナル・アイデンティティ（自国の理解、⑯）や英語力（⑰）についてはそれほど重視していないということになる。つまり、

表1-1　学生の考えるグローバル人材に必要な資質とその実際※

No	資質項目	重要だと思う		実際に身についた		両順位の差
		選択者数	順位A	肯定割合	順位B	(順A-順B)
①	主体性	195	2	79.1%	5	-3
②	働きかけ力	78	10	66.5%	11	-1
③	実行力	167	3	77.7%	7	-4
④	好奇心・チャレンジ精神	147	4	80.7%	4	0
⑤	課題発見力	107	6	78.0%	6	0
⑥	計画力	52	14	67.4%	10	4
⑦	創造力	86	8	53.5%	15	-7
⑧	根源的な発信力	37	15	65.0%	14	1
⑨	Communication重視の発信力	200	1	77.4%	8	-7
⑩	傾聴力	59	13	84.3%	3	10
⑪	柔軟性	141	5	86.3%	1	4
⑫	状況把握力	81	9	85.5%	2	7
⑬	規律性	37	15	75.6%	9	6
⑭	ストレスコントロール力	35	17	65.5%	12	5
⑮	異文化理解力	99	7	65.2%	13	-6
⑯	ナショナル・アイデンティティ	69	12	51.8%	16	-4
⑰	TOEIC730点以上英語力	78	10	40.7%	17	-7

　出典：吉田 (2016)p110 (n=572、但し項目により欠損値あり)。
　※：表中で、「選択者数」は上位三つに当該項目を選択した学生数、「肯定割合」は身についたと思いますかという問いに対して、ややそう思う、或いは非常にそう思うと肯定的な回答をした学生数の合計を回答者数で割ったもの。

政府の『グローバル人材育成戦略』で示された要素Ⅱの重要性について
は学生も概ね賛同しているものの、要素Ⅰ及びⅢについては必ずしもそ
うでないというのが彼ら若者の態度なのである。この調査については他
にも重要な示唆があると筆者は考えており、章を改めてまた触れてみた
い。

　また、日本とは事情が若干異なるであろうが、海外でもグローバル人
材に必要な資質について提言した研究成果がある。例えば、Osland
(2013) はグローバル・リーダーシップを構成する 24 の要素を抽出し、
海外派遣前研修と任地における研修・仕事経験の組み合わせによって、
グローバル人材の能力開発を進めるための養成プランを提示した。

(4)　グローバル人材に関する様々な批判

　大学におけるグローバル人材の予備軍或いは候補生に関する世論の変
遷について、留学生政策という文脈で論じたのは吉田 (2015) である。
彼女は、2007年に経済産業省が主導した産学人材育成パートナーシップ
により、外国人留学生の受け入れよりも日本人学生のグローバル化こそ
が先決だという議論が生まれたことが重要な転機だと主張する。さらに、
緊縮財政下の国家予算は日本人のためにこそ用いよとの保守的な論理が
台頭し、「日本人の留学促進や日本人学生をグローバル人材に育成する
方向へと政策の舵」を切るための世論が形成されたという仮説を同時に
提示している。

　その証拠として吉田が挙げるのは、次の**表 1-2** である。留学生招致に

表1-2　留学生の招致予算と日本人の海外留学予算の変化※

（年度）	2007	2008	2009	2010	2011	2012	2013	2014
留学生	397	396	420	342	319	301	295	269
日本人	9	11	6	8	19	31	36	86
合　計	406	407	426	350	338	332	331	355

　出典：文部科学省及び吉田 (2015)（※単位は億円）。

関わる予算が、2010年以降毎年削減され、日本人の海外留学へと振り向けられていることがわかる。因みに、こうした動きを彼女が批判的に捉えていることは、論文タイトルに「空虚」とあることからも明らかであろう。

　より激しい抵抗を示すのは寺島（2015）である。彼はまず、学者として英語力をつけることが本当に国際的な研究力に繋がるのかと疑問を呈する。英語力が即研究力に繋がるなら、「英語を話せない益川敏英氏がノーベル物理学賞を受賞したのは実に奇妙」だと言うのである。それ以外にも、英語を学んだとて経済的な豊かさにも結びつかず国際的にもならない、国際的な学力調査で低位にある米国に日本人が留学する意味はない、など一般に国際的と信じられている多くの事象や行為について寺島は一刀両断してみせる。そして、英語力＝グローバル人材という図式そのものが一種のイデオロギーに過ぎないとも喝破するのである。

　寺島よりはややマイルドな表現ながら、わが国の大学グローバル化政策やグローバル人材の育成方法について批判するのは、元東京大学教授で現在はオックスフォード大学教授の苅谷（2017）である。例えば、文科省が実施する「スーパーグローバル大学創成支援」事業の目標とされる、世界大学ランキングの順位上昇についても、「英語圏の国々のマーケティング戦略に日本はまんまと巻き込まれている」と切って捨てる。さらに、上で紹介した政府によるグローバル人材の定義についても、これまでの多くの教育改革論議で出尽くした話の蒸し返しに過ぎないと主張する。加えて、日本におけるグローバル人材に関する議論の底流にあるのは、かつて園田（1991）が指摘したような、古くからある「欠如理論」に過ぎないと指摘する。欠如理論とは以下のようなものである。

　　欠如理論は、西洋の歴史的体験や社会構造を過度に「普遍的」だと思い込むところに成立した。西洋にあるものが、例えば日本にないとする。そうすると、日本の後進性はその欠如したエートスや知識や制

度が原因とされてきた。逆に、西洋になくて日本にだけあれば、今度はそれが日本の社会の欠陥の原因だとされてきた。(出典：園田 (1991) p.17)

　いずれにしろ、こうした苅谷の批判は、その著書のオビにもあるように、和製グローバル化では真の世界に通用しない、という表現に凝縮されるだろう。

(5)　現代の日本人に足りないもの：欠如理論との相克

　次に、実社会のグローバル人材について見てみよう。国際人或いはグローバル人材として期待され、実際に海外で働く日本人に関しては、実証的な調査研究が相当数存在する。例えば、尼子 (1990) はベルギーで操業する日系企業 18 社に勤務する現地人社員を対象に調査を行なった。その結果、日本人管理職は現地人管理職に比べ、人間関係への配慮に関する行動の評価が低く、「他業務との関連性の説明が弱い」「仕事のコツを教えない」「段取りに無駄がある」「期限を明確にしない」「信賞必罰ではない」「日本 (の) 本社に対して腰が弱い」「意思決定が遅い」という問題があることを指摘した。

　欧州だけでなくアジアにおいても、白木 (2009) が中国の天津・青島の日系企業15社で働くホワイトカラーを対象とした、業務遂行能力及び部下育成能力に関わる34項目の調査を行なっている。その結果、中国人管理職との有意差は業務遂行能力ではなく部下育成能力にあり、「部下に対する気配りや関心がある」など 7 項目で統計的有意差があった。この点、人間関係への配慮に関する行動の評価が低いとされた上の尼子の研究とも相通じるものがあり興味深い。

　マネジメントの階層別に調査を行なったのは、やはり後年の白木 (2014) である。当該調査によれば、現地人部下によるトップ・マネジメントに対する評価に関しては、日本人トップ・マネジメントと現地人

トップ・マネジメントの間で差はそれほど大きくないという。但し、日本人トップ・マネジメントの方が現地人より優れているとされた項目がゼロなのに対して、劣っているとされた項目が二つ（「対外交渉力が強い」及び「人脈（社内・社外）が広い」が共にp=1%水準で有意）あることには注意が必要であろう。

　他方、より絶対数の多いミドル・マネジメントに関してはさらに失望すべき結果が示されている。日本人ミドル・マネジメントが現地人ミドル・マネジメントより、業務遂行能力、リーダーシップ、部下育成能力などに関わる58の評価項目中、実に45もの項目で低く評価されているのである。

　但し救いは、在中国・アセアン・インドの日本人ミドル・マネジメントが、統計的には有意でないものの、現地人部下から相対的に高く評価されている項目があることである。それらは全部で5項目あり、「自分がミスをした時は素直に認める」「数字分析に強い」「規則を尊重し、適切に行動する」「顧客を大事にしている」「他部門の悪口を言わない」の五つである。

　前項で紹介した苅谷（2017）や園田（1991）による欠如理論の指摘は確かに耳が痛いが、こうした国際ビジネスの現場という現実の世界では、日本人マネージャーが現地の、或いは他国出身のマネージャーとの比較で評価されることは避けられないだろう。そしてそうした機会に、日本人が他と比べ著しく劣るという上のような結果が明らかになれば、同じ日本人の我々としては現実問題として安穏とはしていられない。

注

1　トップ型とグローバル化牽引型の二種類があり、内訳は前者が13大学、後者が24大学。

参考文献

姉川恭子（2016）「第 3 章　調査回答者の属性」及び「第 4 章　グローバル人材として必要な資質」吉田文編『グローバル社会に必要とされる資質・能力に関する学生意識調査集計報告書』大学の「グローバル化」に関する研究プロジェクト（早稲田大学教育総合研究所）

尼子哲男（1990）「日系企業のヨーロッパでの成長と現地採用管理職の職務満足について ── 在ベルギー18 社における数量的分析」『経営学論集』No.60、日本経営学会

アルク教育総合研究所（2015）『グローバル教育を考える教育とビジネスの現場にみるグローバル教育の潮流』株式会社アルク

苅谷剛彦（2017）『オックスフォードからの警鐘　グローバル化時代の大学論』中央公論新社

黒田一雄・杉村美紀・北村友人（2012）「終章　グローバル時代に日本の大学がアジアのなかで目指すこと」、北村友人・杉村美紀編（2012）『激動するアジアの大学改革 ── グローバル人材を育成するために』所収、上智大学出版

経済産業省（2010）『産学人材育成パートナーシップグローバル人材育成委員会報告書 ── 産学官でグローバル人材の育成を』

首相官邸（2012）『グローバル人材育成戦略』（審議まとめ）

白木三秀（2009）「日本企業のグローバル人材マネジメント上の諸課題 ── 調査結果からの考察─」『JBIC国際調査室報』(2)、国際協力銀行

白木三秀（2014）「第 5 章　ローカルスタッフによる日本人派遣者の評価 (1)」白木三秀編著（2014）『グローバル・マネジャーの育成と評価』、早稲田大学出版部

園田英弘（1991）「逆欠如理論」『教育社会学研究』第 49 集

寺島隆吉（2015）『英語で大学が亡びるとき「英語力＝グローバル人材」というイデオロギー』明石書店

トーマス・フリードマン（2006）『フラット化する世界』上・下（伏見威蕃訳）、日本経済新聞出版社（原著の *The World is Flat* は 2005 年刊）

日本経団連（2004）『日本人社員の海外派遣をめぐる戦略的アプローチ』藤山一郎（2012）「日本における人材育成をめぐる産官学関係の変容 ── 『国際人』と『グローバル人材』を中心に」『立命館国際地域研究』第 36 号、立命館大学

森本紀行（2014）「グローバルとインターナショナルの違い」、言論プラットフォームアゴラ http://agora-web.jp/archives/1622731.html（2019.10.7閲覧）

文部科学省（2011）『産学官によるグローバル人材の育成のための戦略』

吉田文（2015）「『グローバル人材育成』の空虚」『中央公論』2 月号、中央公論

新社

吉田文（2016）編『グローバル社会に必要とされる資質・能力に関する学生意識調査集計報告書』、大学の「グローバル化」に関する研究プロジェクト（早稲田大学教育総合研究所）

Osland, Joyce S.（2013）"An Overview of the Global Leadership Literature," in Mendenhall, Mark E. et al., *Global Leadership*, 2nd edition, Routledge

---

コラム1：エッセイ

グローバル人材を使い捨てにする日本の大学

　海外の大学との学術協定締結に関し、交渉可能な高い英語力と教育への熱意を持つ優秀な事務職員求む。他に留学経験とPC能力必須。但し、時給千三百円、ボーナスなしの臨時有期雇用。これは最近、日本を代表するある大学が実際に公表した人材募集である。いわゆるグローバル人材として大学が求める能力の高さと、それに対して提供する雇用条件の低さがどう見ても釣り合わない。おそらく、この大学の学生なら、家庭教師のアルバイトですらより高い時給が約束されるだろう。

　驚くなかれ、理不尽とも思えるこうした公募は、何もこの大学だけに限らない。似たような人材募集が毎年どこかで何度も繰り返されていることは、この国の大学人なら周知の事実である。ある特定の大学だけが問題なのでは決してない。

　しかしそもそも、優秀な人材ならこんな募集には誰も振り向かないのではないか。余りに条件が悪すぎる。多くの人はそう思うだろう。けれど現実には、どの大学でも一定の応募がある。主として結婚を機に仕事を辞めたものの、再びやりがいのある仕事がしたいと熱望する優秀な若い女性たちである。都会であればあるほどこうした高度人材のプールは大きく、大学は選ぶのに全く困らない。

　そんな状況は、ひと頃流行ったやりがい搾取という言葉すら想起させる。いわば、グローバル人材の安価な使い回し、使い捨てだ。職場

としての大学が女性を中心としたグローバル人材をこうして冷遇する一方、教育機関としての大学は近年、グローバル人材の育成にどこも熱心である。わが校なら英語も学べますよ、留学もできますよ。受験生用のパンフレットには、未来のグローバル人材を夢見る多くの若者のため、これでもかというほどの美辞麗句が溢れる。

　折しも 2019 年 6 月、大学の持つもう一つの裏の顔が明らかになった。全国の大学病院で二千人を超える無給医の存在が発覚したのである。昼夜を問わず、医局に求められるがまま医療行為に携わった事実がありながら、労働の対価としての給与を全く支給されないという多くの若手医師やその卵たち。生活のため、やむなく睡眠時間を削ってまで他の病院でアルバイトせざるを得ないという彼らの過酷な現状が初めて白日のもとに晒された。

　その背景には、「白い巨塔」の人事権を握る教授たちの巨大な影響力があると言われる。あれが労働だとは認識していなかったとさえ嘯く教授たちに、将来のポストのため何も言えない若い医師たち。ざっとそんな構図だ。命や健康を扱う場所で、若い彼らの命や健康が長年ないがしろにされていた。その事実は重い。

　教育学には「隠れたカリキュラム」という用語がある。公式のカリキュラムにはない、隠れた行動様式やメンタリティが、現実には多くの子供達に意図せざる影響を与えているという考え方である。例えば、暴力はいけないと口では言いながら、実際には多くの教師が体罰を行い、周囲もそれを容認しているような学校だ。

　表の顔と裏の顔。教育機関としての大学が公式のカリキュラムなら、職場としての大学はまさに隠れたカリキュラムではないのか。苦労して育てたグローバル人材を、自ら安く使い回し、挙句には使い捨てにしているという大学の状況。人の命を救う崇高な職業であるはずの医療の現場で、前途ある若い医師の命や健康が全く顧みられていない大学病院の状況。そんな現実を学生はどう思うのだろう。大学の経営陣や教職員は、さてどう抗弁するのだろう。国の政策はともかく、私たち大学人が変えて行かねばならない。

第 2 章　メディアによるグローバル人材

1　グローバル人材をめぐる新聞報道の検証

　前章では、政策及び学術調査のレベルにおいて、グローバル人材がどのように定義され、その内容がいかに変遷して行ったかについて概観した。本章ではさらに、グローバル人材に関するイメージがどのように一般に広まって行ったのかについて、主要なマスメディアの報道を振り返りつつ、具体的な数値やエビデンスを示しながら考察を進めて行きたい。実際に利用するのは、わが国のリベラル系を代表する朝日新聞、そして保守系を代表する読売新聞の各記事データベースである。

(1)　朝日新聞記事におけるグローバル人材

　まず、朝日新聞の記事にグローバル人材という言葉が初めて登場したのは1991年のことである。但し、記事の内容はある大学教授による「90年代のグローバル人材開発」という講演タイトルのみを紹介したものに過ぎず、この場合のグローバル人材が「グローバルな人材」を指すのか、それとも人材開発をグローバルに展開するというニュアンスなのか、今となっては不明である。その後も1998年、2001年、2003年にグローバル人材という言葉が登場する各1編の記事があるものの、うち2編は単なる企業の部署名である。

　グローバル人材という言葉が、現在使われているような意味において初めて朝日新聞紙上に登場するのは、2004年8月14日朝刊に掲載された

「フリーターが国際人に」と題するエッセイ風の記事である。著者は
キャメルヤマモトなる人材コンサルタントで、「グローバルな人材」と
は「戦略思考が得意で、英語を話し、世界をビジネスクラスで飛び回っ
ているような人をイメージ」していたものの、実際にはもっと軽く考え、
ふらりと海外へ行ってみる、そこで見ず知らずの人にも気軽に話しかけ
てみる、などという身軽な行動が「新型グローバル人材」につながる道
なのではないかという先進的な主張が展開されている。

　残念なことに、こうした議論はその後4年間顧みられず、次にグロー
バル人材に関する記事が掲載されたのはようやく2008年のことである。
2010年には記事数が二桁となり（図2-1参照）、グローバル人材に関する
扱いは年を経るごとに質的にも量的にも本格的になっていく。例えば同
年6月15日朝刊では、「新世界国々の興亡12：朝日新聞主筆・船橋洋一が
聞く　インタビューを終えて」では、海外で活躍する中国人の事例を引
きながら、グローバル人材と留学との関連に初めて触れた記事が見られ
る。2010年は、前章で紹介した吉田（2015）が指摘したように、外国人
留学生から日本人の海外留学支援へと予算配分が転換された年でもあり、

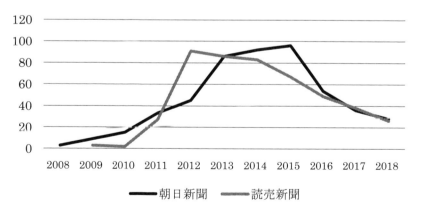

図2-1　記事に登場した「グローバル人材」の年別回数
出典：両紙の記事データベースをもとに筆者調べ、但し対象は
　　　朝・夕刊とも（地方版及び電子版含む）。

政府による政策とメディアの報道とがほぼ軌を一にしている点が興味を
そそる。

　2013年にはついに記事数が三桁に迫るほどになり、一種のブームとい
う様相を呈している。グローバル人材関連の記事数が最も多かったのは
2015年で、この頃がそうしたブームのピークであろう。ただここで注意
すべきは、翌2016年には記事数が54件と前年よりもほぼ半減しているこ
とで、そうした減少傾向は2018年まで継続している。この3年の結果か
ら判断する限り、ブームが去ったことは間違いないと思われるものの、
それはグローバル人材そのものへの世間の関心が薄れたことを意味する
のか、或いはグローバル人材という用語やその存在自体がごく一般的な
ものとなり人口により膾炙して来たのか、即断するのはまだ早計と言わ
ねばなるまい。

(2)　読売新聞記事におけるグローバル人材

　読売新聞紙上に初めてグローバル人材という言葉が登場するのは、
「現代的教育ニーズ取組支援プログラム112件選定」と題した2006年7月
28日の朝刊記事（大阪）である。但し同記事は、文部科学省が実施を予
定していた「現代的教育ニーズ取組支援プログラム」についてこそ短く
触れてはいるものの、グローバル人材自体について特集した内容ではな
い。同プログラムに選定された112件のうちの一つとして、立命館アジ
ア太平洋大学による「グローバル人材養成のためのキャリア教育」とい
うプログラム名をただ例示しているのみである。

　おそらく、現在と同じ意味でグローバル人材という言葉が用いられた
のだろうと思われる記事は、2010年5月9日の朝刊に初めて登場する。北
陸経済研究所のある研究員に対するインタビュー記事「【北陸人国記】
くるまびと (8) 将来はロボット産業にも」がそれで、北陸地方はとて
も住みやすい地域で地元に根付いて働く人が多く、グローバル人材の育
成とは必ずしも方向性が一致しないというのが当該研究員による発言の

趣旨である。

　翌2011年には初めてグローバル人材関連の記事数が二桁を超える。朝日新聞よりも１年遅いものの、逆に記事数が三桁に迫ったのは2012年と朝日よりも１年早い。この年のグローバル人材関連の記事数は、読売が91件と朝日45件の倍以上であり、2010年代のグローバル人材ブームの火付け役はもしかすると読売新聞の方かもしれない。

　留学との関連でグローバル人材を論じた初めての記事は、朝日新聞より遅れること半年、2010年12月25日夕刊の「【とれんど】平成の龍馬や真之を求めて」と題する記事で、執筆したのは読売新聞論説委員の野坂雅一氏である。朝日新聞に関しても、同様の記事を執筆したのが同社主筆の船橋洋一氏であった点を考えると、グローバル人材と留学との関連について初めて論じたのが、読売・朝日両社共に一般の記者ではなかったというのは偶然ではあるまい。

　さらに、朝日新聞の項でも触れたように、2010年は政府が外国人留学生から日本人の海外留学支援へと予算配分を転換した年である。政府による政策と、朝日新聞、読売新聞それぞれがほぼ同じタイミングで日本人による海外留学の重要性に目を向け始めたという事実は、世論の形成過程を辿る上で極めて示唆に富む出来事である。

　なお、グローバル人材関連の記事数がこのところ減少傾向にあることは朝日新聞と同様で、読売新聞の場合には朝日より３年早く、2013年に始まっていると見ることも可能である（図2-1参照）。

2　メディア報道が伝えるグローバル人材の要諦

　さて、政府によるグローバル人材の定義において、三つの異なる要素、すなわち、1）語学力・コミュニケーション能力、2）主体性・積極性、チャレンジ精神、協調性・柔軟性、責任感・使命感、3）異文化に対する理解と日本人としてのアイデンティティー（ママ）、が必要とされていること

については第1章で既に触れた。本項ではその三つそれぞれについて、重要なキーワードを幾つか考えてみよう。そして、それらのキーワードを含むグローバル人材関連の記事が幾つあるのか、読売・朝日両新聞社のデータベースから拾ってみたい。

　まず、1）の語学力はより具体的に「英語」及び「中国語」と置き換えよう。中国語は英語以外の諸言語の代表でもある。併せて、21世紀型コミュニケーションの具体的な手段としてのITやコンピューター、或いはプレゼンテーションといった単語についても調べてみたい。2）からはチャレンジ精神と積極性について調べ、あとの諸要素はリーダーシップという一語で代替してはどうだろうか。3）からは異文化（理解）をキーワードとし、日本人としてのアイデンティティに関わるものとして日本文化、教養という単語を加えたい。

　グローバル人材を扱った記事の中に、果たしてこれらの各キーワードがどの程度登場しているか、さらには責任官庁やグローバル人材が育成され活躍する場所や機会についてもキーワードを設定し、データベースで検索した結果が次の**表2-1**及び**表2-2**である。

　まず、記事数で見る限り、朝日・読売共にグローバル人材をめぐる報道姿勢に余り大きな差はないように見受けられる。それを前提にまず、グローバル人材に最も深く関わっている（と世間やマスコミが思う）政府機関がどこかを見てみよう。既に紹介した政府のグローバル人材育成推進会議を構成する主要4省庁、すなわち外務省、経済産業省、文部科学省、厚生労働省について調べてみたところ、文部科学省関連の記事がその他各省庁の10倍を超え、圧倒していることがわかる。すなわち、グローバル人材の育成に関しては、文科省を中心として幾つかの省庁が関連しているものの、マスコミや世論は文科省こそがその主たる責任官庁であると見ていることがこの結果から想像出来る。

　次に、関連の深い場所や組織であるが、表2-1の結果では大学、企業、大学院の順になっている。大学や大学院はグローバル人材の主な養成場

表2-1　グローバル人材＋各キーワードの記事数 Part.1

キーワード	新聞社名		小　計
	朝　日	読　売	
責任官庁に関するもの			
文部科学省	125	103	228
厚生労働省	12	7	19
外務省	10	8	18
経済産業省	9	10	19
場所に関するもの			
大学	324	332	656
大学院	84	82	166
企業	233	217	450
国際連合（国連）	29	27	56
NGO	12	8	20
外国語に関するもの			
英語	224	200	424
中国語	20	13	33

表2-2　グローバル人材＋各キーワードの記事数 Part.2

キーワード	新聞社名		小　計
	朝　日	読　売	
知識／スキルに関するもの			
プレゼンテーション	15	2	17
教養	40	63	103
日本文化	13	23	36
異文化	39	55	94
積極性	2	9	11
チャレンジ精神	10	11	21
IT	27	33	60
コンピューター	13	8	21
リーダーシップ	16	21	37
機会・その他			
留学	201	227	428
ボランティア	41	43	84
インターンシップ	22	32	54
就職活動（就活）	52	29	81

出典：表2-1、2-2とも両紙の記事データベースをもとに筆者調べ（2019年6月30日時点）。

所として、また国連やNGOはそうしたグローバル人材が実際に活躍している場所として記事になっているようである。企業はそのちょうど中間（養成も活躍も）という位置付けであろうか。

　注目すべきは、グローバル人材に期待される具体的なスキルについてのキーワードである。結果からは、英語が424件と他を圧していることが見てとれる。中国の急激な経済成長に伴って、このところ中国語が大きな脚光を浴びており、将来は英語の需要さえ凌駕するのではないかという多くの企業人や識者の指摘にもかかわらず、グローバル人材と中国語を関連づけた現実の記事数はわずか33件のみであり、少なくとも現時点において、英語に対する関心の高さとの差は歴然である。

　また、第1章で紹介した政府によるグローバル人材の定義では、外国語に加えて必要な、多くの資質やスキルが列挙されていた。しかしながら、朝日・読売両社の記事数から見れば、IT、コンピューター、教養、リーダーシップ、プレゼンテーション、異文化（理解）、日本文化などといった他のキーワードへの関心は思ったより高くない。

　そうしたグローバル人材に必要な資質やスキルを身につける機会に関しては、インターンシップやボランティアよりも留学というキーワードを配した記事が圧倒的に多い。その数は両紙で計428件と、英語というキーワードを含む記事数424件とほぼ同数であることから、両者の強い関連が類推される。

　そこで試みに、グローバル人材、英語、留学という三つのキーワード全てが登場している記事数を調べてみると、朝日新聞が109件、読売新聞が121件で合計230件となる。つまりこれは、グローバル人材と留学を扱った記事428件、同じくグローバル人材と英語を扱った記事424件の半数以上に当たる。

　これらの結果から言えることは、要するにマスコミが報じるグローバル人材像とは、英語を話せる人ということだろう。政府や経済界が期待する「主体性・積極性、チャレンジ精神、協調性・柔軟性、責任感・使

命感」や「異文化理解」といった事柄では思ったほど記事にならない。報道が伝えるグローバル人材の要諦とは、まずもって英語なのである。そしてそれを身につけるための具体的な手段が留学である、という図式がここで成り立つ。言ってみれば、1990年代の国際人に対する素朴なイメージと21世紀のグローバル人材に対するそれとは、少なくとも現実の報道を見る限り何ら変わるところがないのではないか、というのが記事データベースをもとにした調査の結論である。

3　まとめ：先行研究及び調査結果から見えてきたこと

　これまで見て来た通り、グローバル人材に関する新聞記事は、英語や留学と関連づけたものが圧倒的に多かった。それらの記事を通じ、一般の読者が受け取るグローバル人材のイメージは、果たしてどのようなものになるだろうか。おそらく、大学時代に留学を経験して、英語を臆せず話せる人というのがその最大公約数だろう。

　確かに、グローバル人材として国内外で活躍するためには、母国語である日本語以外に、最低限の国際コミュニケーション手段として今や実質的なリンガ・フランカ（世界共通語）となった英語の実践的運用力は必要不可欠であろう。したがって、グローバル人材になるための入り口として、まずは留学して英語を学ばねばならないという考え方自体を間違いとは言い切れない。

　また、英語を学ぶことの大切さ、そしてメディアや教育関係者がそれを喚起し続けることの重要性は言わずもがなであろう。例えば、前章の表 1-1 で紹介した学生調査の結果を見て欲しい。そこでは「TOEIC 730点以上の英語力」について、多くの学生が当初からさほど重要と考えておらず（順位Aで 10／17 位）、さらにこれまでの大学生活でそれが身についたとも考えていない（順位Bで17／17位）のである。こうした事実からすれば、メディアが英語や留学と絡めてグローバル人材を記事にするこ

とには、現状改善に繋がる前向きな意味がある。

　しかしながら他方、にわかには理解しがたい発見が二つある。再び前章の表 1-1 を見てみよう。発見の一つは、海外での調査で日本人リーダーが劣る項目とされ、それゆえに首相官邸によるグローバル人材の定義において必要と明記された主体性・積極性・チャレンジ精神等の項目（前章で紹介した首相官邸によるグローバル人材定義の要素 II）については、上記の学生調査によれば、多くの学生が既に「身についた」と考えていることである。

　例えば、主体性については 79.1％、積極性（調査では「働きかけ力」）については 66.5％、チャレンジ精神については 80.7％ の学生が既に身についたと考えている。こうした傾向は、首相官邸による定義で要素 I として明記されたうちの「コミュニケーション能力」（表 1-1 の調査項目では「コミュニケーションを重視した発信力」）、要素 III として明記されたうちの「異文化に対する理解」についても同様である。前者では 77.4％ の学生が、後者では学生が「身についた」と考える順位こそ 13 位と下位にあるものの、それでも 65.2％ もの学生が既に体得したと考えているのは驚きである。

　そして、これらの項目に関してはそれ自体、メディアにおけるグローバル人材関連の報道において英語ほど重視されてはいない。前項で紹介した通り、日本人ミドル・マネジメントが海外で劣ると評価されているのは、実はこの部分なのにも関わらず、である。

　上記要素 III の残る一つ「日本人としてのアイデンティティー」^{（ママ）}（表 1-1 の調査項目では「ナショナル・アイデンティティ」）についてはさらに深刻で、多くの学生はもともとそれが重要だと考えないし（順位 A で 12 位）、学生生活で身についたとも思わない（順位 B で 16 位）。さらに、メディアによるグローバル人材関連報道でも殆ど触れられることがない。日本人の特性がわからなければ海外との差は見えないし、翻って自分自身の立ち位置も不明なのではないのだろうか。これが理解しがたい発見の二つ目で

ある。

4 今後の課題

　さて、ではこれらの問題をどのように考えれば良いのだろうか。まず言えるのは、留学を通じた英語力の獲得ばかりにメディアや世論の関心が集中するという昨今の現実は、経済界及び教育関係者の当初の意図からはやや外れたものであるということだろう。

　そしてその上で、主体性・積極性・チャレンジ精神等の項目（要素Ⅱ）については、日本人（学生）による定義と海外におけるそれとが果たして同じものなのかどうか、もし違うとすればどのように違うのか、さらにはどうすればそのギャップを埋められるのかについて調査し、立ち止まって考えてみる必要があるだろう。

　加えて、メディアはグローバル人材が持つ多面的な要素をより多角的に紹介する必要がある。具体的には、その必要性・重要性について最も理解が進んでいないと思われる「日本人としてのアイデンティティー」^{（ママ）}を中心に、英語や留学以外の項目についてこれまで以上に取り上げ、グローバル人材について異なった切り口を提供することではないだろうか。

　また、外国語としての英語力の獲得には、これまでに蓄積された幾つもの確立した方法論がある。つまり、時間とコストをかけ、粘り強く学びさえすれば、ある一定以上の高い確率で英語力は身につくのである。では、主体性・積極性、チャレンジ精神、協調性・柔軟性、責任感・使命感についてはどうであろうか。これまで消極的だった人が、ある日から積極的になるような、教育上の方法論は果たして確立しているのだろうか。昨日までは協調性のなかった人が、今日からはそうでなくなるといったことが、どのような訓練を経ることで起こり得るのだろうか。

　おそらく、そうしたことのための科学的かつ確立した方法論は、今のところ誰しも期待し得ないだろう。したがって、教育上の方法論に関す

る今後の課題は明らかである。すなわち、主体性・積極性、チャレンジ精神、協調性・柔軟性、責任感・使命感といった21世紀型グローバル人材に必要な能力をいかに育てるかといった点に教育関係者はこれまで以上に目を向け、その具体的な方法論を考え、実践し、幾多の試行錯誤を重ねながら最終的に確立することである。

参考文献

朝日新聞（1991）「企業の文化支援を考えるセミナー開催」、8月3日朝刊

キャメルヤマモト（2004）「フリーターが国際人に」、8月14日朝日新聞朝刊

野坂雅一（2010）「【とれんど】平成の龍馬や真之を求めて」、12月25日読売新聞朝刊

船橋洋一「新世界国々の興亡12：朝日新聞主筆・船橋洋一が聞くインタビューを終えて」、6月15日朝日新聞朝刊

吉田文（2015）「『グローバル人材育成』の空虚」『中央公論』2月号、中央公論新社

読売新聞（2006）「現代的教育ニーズ取組支援プログラム112件選定」、7月28日朝刊

読売新聞（2010）「【北陸人国記】くるまびと（8）将来はロボット産業にも」、5月9日朝刊

```
コラム2：書評
```

池田洋一郎著『世界を変えてみたくなる留学　ハーバード・ケネディスクールからのメッセージ』

　タイトルにあるハーバード・ケネディスクールとは、有名なビジネススクールやロースクールなど、ハーバード大学が持つ幾つかのプロフェッショナルスクール（わが国で言うところの専門職大学院）のうちのひとつで、英語での正式名称はJ. F. Kennedy School of Governmentという。ケネディ公共政策大学院或いは行政学大学院と訳されることが多い。

　本書の価値は第一に、よくあるMBAものでないことだ。米国の大学院は日本に比べ多様であるにも関わらず、どうもMBAばかりが取り上げられる傾向がある。政策系の大学院は、ビジネススクールほどではないにしろ、米国内では一定の存在感と評価を得ている。例えばアイビーリーグ8校に限っても、その半数に政策系の大学院が置かれている。その意味で、本書は米国の大学院の多様な一面を垣間見ることのできる、貴重な一冊であると言えよう。

　本書の第二の価値は、それが単なる留学記に留まっていないことである。構成は大きく二部に分かれ、前半は留学記そのもの。ケネディスクールの講義の内容が、実況中継風に記されている。異国の地で無（語学のハンディを考えればマイナスか）から出発し、全く違う価値観を学ぶことの素晴らしさや喜びが描かれている。そこにあるのは、いわゆる「気づき」である。

　後半は対照的に、学外での様々な体験記となっている。「書を置き、世界へ出よう！」という章題が示すように、学んだことと現実の世界とをつなげてみようという筆者の意気込みが、全編を通して伝わってくる。特に、ニューオーリンズ復興ボランティアとして参加した、ハリケーン・カトリーナの被災現場の体験記は、教室で学ぶ米国の理想と、厳しい現実との乖離を余すところなく教えてくれる。

　本書の価値の三番目は、著者の視点が一貫しており、その言質にいちいち説得力があることである。著者の池田洋一郎氏は財務省の若手

官僚で、どのような場面でも常に「自分ならどうするか、自分には何ができるか」を問う。視点が一貫しているとはこの意味で、スクールの名前に冠されたケネディの有名な言葉、「母国のために、自分に何ができるのかを問いたまえ（Ask what you can do for your country. 本書6頁）」に誠実に対峙しようという姿勢が好ましい。

　また、説得力という点では、池田氏の現地での行動力や、帰国後の活動を見れば一目瞭然であろう。同氏は帰国後、仕事の傍ら、各省庁横断的に若手官僚を集め、「官民協働ネットワーク Crossover 21」を立ち上げた。同団体が主催するシンポジウムや討論会といった啓蒙活動は、筆者がケネディスクールで学んだこと、ハリケーンの被災地での気づいた問題意識を今も継続・応用していることの証左である。「世界を変えてみたくなる留学」という本書のタイトルは、この意味で伊達ではない。

　一方で、小さな不満もなくはない。例えば、著者は他のNPOに情報や資金を提供・仲介するNPOの存在に驚いているが、これはインターメディアリと呼ばれ、海外では多く見られるタイプのNPOである。筆者はこのことを知らず、最後までインターメディアリという言葉すら紹介していない。また、前半の第三節で大きく扱ったソーシャル・マーケティングと、後半の第九節にある社会起業家或いはソーシャルベンチャーとは相互に深い関係があるにも関わらず、一切の言及がないのもどうかと思う。

　だが、本書の全編を通して溢れ出る、若い著者の熱意と好奇心は、そんな小さな瑕疵などものともしない。留学を志す若者、いや、海外への興味を失いつつある現代の若者にこそ是非お勧めしたい一冊である。著者の留学での「気づき」が、いかにして今の行動につながったか、心の変遷を追うような読み方もおもしろい。できれば、ケネディスクールのカリキュラムや講義内容がより詳細に描かれている『ハーバード・ケネディスクールでは、何をどう教えているか』(杉村太郎・細田健一・丸田昭輝編著、英治出版、2004年) と併せ読むことを推奨する。

　　　　　　　　　　　（英治出版、2009年1月、352頁、税抜1,900円）

第Ⅱ部　留学生政策

第3章　わが国の留学生政策

はじめに

　前章ではグローバル人材の育成にとって、留学が重要なキーワードの一つであることを見てきた。ではこれまで、わが国にはどのようなマクロ的留学生政策があったのだろうか。特に、日本人が海外で学ぶことについてわが国は戦略というものを果たして持っている（或いは、持っていた）のだろうか。本章ではこれらの点を歴史的な視点から明らかにしたい。

1　戦略または国家戦略ということ

　まず試みに国語辞典（大辞泉増補・新装版、小学館）で戦略という用語を調べてみると、「政治・社会運動などを行う上での長期的な計略」とある。一方、英英辞典（Webster's Third New International Dictionary）でstrategyという単語を調べてみると「国家や、複数の国家からなるグループが、平時または戦時において、採択した方針を最大限に支えるために、政治的、経済的、心理的、軍事的な力を用いるための科学と術」とあり、こちらでは国家という言葉が登場する。

　国家の関与を強調し、それを明示した言葉がnational strategyであり、英語ではさらに同じような意味を持つgrand strategyという表現もある。日本語では国家戦略と呼ぶのが適当であろう。ブリタニカ百科事典で戦略について執筆したロンドン大学教授のローレンス・フリードマンは、

本田（2007）とのインタビューにおいて国家戦略に関する極めて示唆に富む発言をしている。同教授によれば、国家戦略とは「国際社会の中で自国をどう位置づけるかという考え方だ」という。

　国の来し方行く末を論じるにあたって必要不可欠とも思われるこの国家戦略という用語について、しかしながらわが国での歴史は極めて浅い。上の辞書の表記にも見られるように、わが国では敗戦のトラウマもあって、戦争を連想しがちな戦略という言葉に対する心理的な拒否感が強かった時代が確かにあり、さらにそれに国家という言葉を付加することに対してはより一層慎重な姿勢が要求されたのだと思われる。本田によれば、わが国の国会でこの言葉が初めて登場したのは、実に戦後25年を経た1970年3月7日の衆議院予算委員会であった。

　　日本のいままでの政治における安全保障問題の論議を見ますと、非常に高度の国家戦略並びに国家戦略から来る外交戦略や防衛戦略というものの論議が非常に欠けているように思います。

　この歴史的な発言を行った人物が、当時の防衛庁長官・中曽根康弘氏であったことはここで記憶されてよい。何故なら、同氏は後年、首相としていわゆる「留学生10万人計画」を策定し実行に移した人物であり、今もなお国家戦略の欠落を訴え続ける、言わば筋金入りの論者であるからだ。この点についてはまた次項で触れることとする。

　1970年の中曽根発言はひとつのエポックメーキングではあったものの、国家戦略という用語自体はその後しばらく国会に登場することは殆どなかった。本田によれば、1970年代は年に1回あるかないか、1980年代から1990年代半ばまでは年数回というレベルである。

　このような状況が激変するのは、中曽根発言からさらに25年を経た1995年からである。この年から国家戦略という用語は、安全保障のみでなく、経済や産業政策、さらには教育、環境問題に至るまで用いられる

ようになり、国会での使用回数は二桁を突破、さながらブームの様相を
呈することとなる。2002年にはついに三桁に達し、131件と過去最高の
頻度となった（本田, 2007）。そこではもちろん留学生を巡る政策や戦略
についても様々論じられている。この点については次項で詳しく見てい
くこととしたい。

2 わが国の留学生政策レビュー

(1) 国策としての留学生政策の登場

　国会のデータベースによれば、1997年3月27日、参議院の文教委員会
で日下部禧代子議員が次のような発言をしている。

　　局長もお触れになりましたが、我が国の留学生政策の根幹というの
　は、これは1983年にスタートいたしました留学生受け入れ十万人計画
　であろうかと思います。

　この発言に見られる通り、わが国の留学生政策の嚆矢となったのは中
曽根政権時代のいわゆる「留学生10万人計画」であることは衆目の一致
するところであろう。この政策が立案されることとなった経緯に関して
は様々な説があるが、有力な説のひとつとして次のようなものがある。
すなわち、「1983年5月、中曽根康弘首相がアセアン諸国を訪問し、最後
に立ち寄ったシンガポールで元日本留学生たちから『自分たちの息子や
娘は日本には留学させたくない』と言われてショックを受けた」という
ものである。そして、「帰国後すぐに当時の文部大臣に指示して私的諮
問機関を設け、21世紀に向けた留学生政策を検討させた」という（堀江、
2002）。
　結果的には早くも同じ年の8月末、21世紀の初頭までに留学生受け入
れ数を10万人にするという「21世紀への留学生政策に関する提言」、す

なわち留学生10万人計画が発表され、当時のマスコミにも大きく取り上げられた。前項でも触れたように、中曽根は常に国家戦略というものと向き合ってきた政治家の一人であり、彼の政権になって初めて国家レベルでの留学生政策を発表したという事実は、決して偶然などではないように思う。ここでは留学生10万人計画の概要を振り返ってみよう。

留学生10万人計画の概要

○背景

(1) 留学生交流は、我が国と諸外国との相互理解の増進や教育、研究水準の向上、開発途上国の人材育成等に資するものであり、我が国にとって留学生政策は、文教政策及び対外政策上、重要な国策の一つである。

(2) 元留学生の中には、各国の発展や我が国との関係で貴重な役割を果たしている者も少なくない。

(3) 我が国の受入れている留学生の数が、昭和58年当時、他の先進諸国に比べ、際だって少ない。

○基本的見通し

(1) 21世紀初頭において、10万人の学生（当時のフランス並み）を受け入れることを目途とする。

(2) 我が国の18才人口が1992年までを前期、減少傾向に転ずる1993年以降を後期とし、前期においては、受入れ態勢、基盤の整備に重点をおき、後期においては、その受入れ態勢、基盤の上に立った受入れ増を見込んでいる。

(3) 国費留学生と私費留学生の割合は、10万人受入れ時においては、フランスの状況等を勘案し、1：9程度とする。

(4) 国費留学生は、私費留学生受入れの牽引力としての役割を果たす。

10万人という数字がその後一人歩きした傾向は多少あるものの、当時としては途方もないと思われた目標数値設定を考えればそれも仕方のな

いことだったであろう。留学生関連の政策がこれほど世間の耳目を集め
たことはそれまでなく、その意味では（プラスもマイナスも含め）世の中
を大きく変えた政策だったと言える。

(2)　受け入れ論議に偏りがちな留学生政策

　しかしながら同時に、留学生10万人計画は外国人留学生の日本への受
け入れ（inbound）のみに偏した政策であったことも間違いない。何故な
らば、上記の計画概要を見る限り、日本人の海外への送り出し
（outbound）に関する政策には全く言及がないからである。

　留学生10万人計画実施後の1997年には、政府に留学生政策懇談会が組
織され、第一次答申を発表している。この答申では、「4.具体的な施策の
方向」と題して、以下の内容が盛り込まれている。

留学生政策懇談会第一次答申

　（はじめに、及び1〜3は略）

4.　具体的な施策の方向

(1)　高等教育機関におけるグローバルな視点に立った教育体制の充実

　　ⅰ）グローバルな視点に立った教育システムの弾力化

　　ⅱ）留学生のニーズに対応した魅力ある教育プログラムの推進

　　ⅲ）国際的な大学間学生交流の推進

　　ⅳ）留学生に対する教育・生活面の相談・支援体制の充実

(2)　留学希望者の我が国の高等教育機関へのアクセスの改善及び日本
　　語教育に配慮した留学生交流施策の推進

　　ⅰ）留学情報の提供体制の充実

　　ⅱ）留学生の入学選考方法の改善

　　ⅲ）留学生施策の一環としての日本語教育振興施策の推進

(3)　国・地方自治体・民間の協力による多様かつ効率的な方法での留
　　学生の生活支援

　　　ⅰ）諸外国及び留学生のニーズに応じた奨学金等の重点的充実
　　　ⅱ）留学生のための宿舎の確保
　　　ⅲ）各種保証制度の改善
　　　ⅳ）留学生の日本人学生・地域住民・民間団体との交流活動推進
　⑷　その他
　　　ⅰ）留学後のアフターケアの充実
　　　ⅱ）高等学校における国際交流の推進
（以下、5以降略）

　つまりこの答申もまた、どうすれば留学生10万人が達成できるかという視点で受け入れに関してのみ言及しているに過ぎず、日本人学生の送り出しについては何も提言めいたものがない。したがってこの時点までは、留学生政策と言えば、それはすなわち受け入れのみを指していたにほぼ等しい。少なくとも政府に限っては、20世紀末までこのような状況が続いていた、という事実は記憶に留めておくべきであろう。

　さらに残念なことに、学界もこのような事態を追認していたのではないか、と筆者には思われてならない。例えば、少し後の2007年10月に発行された、高等教育の権威ある専門誌『IDE 現代の高等教育』は、「留学生政策の新段階」と謳った特集を組んでいる。そこでは計12編の論文が掲載されているが、その内容はほぼ全てがinboundに関するものである。中には、東工大に通う日本人学生の海外留学について短く触れた三木（2007）による論考もあるものの、そうした論文でさえ中心的な議題はただinboundのみに絞られていると言って良い。

　また、留学の二文字を冠する、わが国では稀有な専門学会についても当時は同じような状況であった。つまり、留学生教育学会の発行する学会誌「留学生教育」誌の創刊号（1996年11月発行）から第12号（2007年12月発行）までの全ての論文（但し実践報告を除く）を筆者なりに分類してみたところ、下記のような内訳であった。

・送り出しに関するもの　　　　　　　　　2編[1]
・受け入れに関するもの　　　　　　　　　46編
・受け入れ後に帰国した元留学生のフォロー　8編
・日本語学習など語学に関するもの　　　　38編
・その他　　　　　　　　　　　　　　　　1編

　元留学生のフォローアップや語学（主として日本語）教育に関する論考も広い意味では受け入れに連なるものであり、これらを含めれば少数の例外を除いて、当時の研究者の問題意識はほぼ留学生の受け入れのみに傾注されていたと言っても過言ではない。しかも、上記の懇談会答申には「留学生施策の一環としての日本語教育振興施策の推進」や「留学後のアフターケアの充実」があり、元留学生のフォローや語学に関する研究は、期せずして政府の意図に沿うようなものに終始していることは注目すべきであろう。

　他方、主に大学の留学関連事務を担当する実務者で構成される、わが国の民間団体・国際教育交流協議会（JAFSA）に関しても、その調査・研究助成プログラムで2007年末までに採択された案件について同様の試みを行ったところ、(JAFSAのインターネット化プロジェクトなど、全体では下記のどの項目にもあてはまらないものも存在するものの)以下のような結果となった。

・送り出しに関するもの　　　　　　　　　1編[2]
・受け入れに関するもの　　　　　　　　　21編
・帰国した元留学生のフォローアップ　　　2編

　すなわち、こと留学生政策に関しては、官・民・学挙げて受け入れ中心の議論を長い間にわたって展開して来た、というのが偽らざる事実の

ようである。留学生10万人計画の影響は当時、それほどまでに大きかっ
たと見るべきであろう。

(3)　送り出しを初めて論じた政策

①相互交流重視への政策転換

　このような状況に変化の兆しが見えたのは、2003年に中央教育審議会
が出した「新たな留学生政策の展開について」という答申である。2003
年には、政府の長年の悲願であった留学生10万人計画が無事達成され、
それに代わる新たな指針が求められていたのである。この答申では、
「受入れ中心から相互交流重視へ」という理念が示され、続いて次のよ
うな記述がある。

　　諸外国との間の相互理解の増進、友好関係の深化を図るという意味
　では、本来、留学生交流は、双方向の相互交流であることが望まれる。
　しかし、我が国の留学生政策においては、国際貢献という観点から、
　特に途上国からの留学生受入れに重点が置かれてきており、日本人の
　海外留学についての政策的な対応は十分取られてきたとは言えない。
　また、地域別の留学生数を見ると、受入れはアジア中心、派遣は欧米
　中心であり、均衡が取れていない。

　ここで注目すべきポイントは、1）今までは受け入れ中心であり、送
り出しには十分な注意が払われて来なかったと認めたこと、2）受け入
れと送り出しとの間で地域バランスを欠いていることに言及したこと、
3）その上で相互交流重視という新たな理念を表明したこと、の三つで
あろう。

　このような提言が出てきた大きな理由のひとつは、当時、海外へ留学
する日本人の数が急激に伸びていたことである。留学生10万人計画が発
表された1983年には、海外で学ぶ日本人はほんの１万８千人程度に過ぎ

なかった。ところが、2001年にはそれが7万6千人余りにも膨れ上がった。皆がinboundの留学生数に注目しているうちに、outboundの留学生数もひとりでに急増していたのだ。

　それと同時に、inbound、outbound共に数が少ないうちは国籍別・地域別の不均衡はそれほど気にならなかったものの、数が増えるにつれあらゆる面での歪みが認識されるようになった。最も大きな要因は、inboundでの中国出身留学生の急増、そしてoutboundにおける相変わらずの欧米偏重傾向である（いずれも当時）。

　日本学生支援機構（JASSO）発表の資料（2007）によれば、2007年5月の時点で、inboundでは中国出身留学生の数が71,277人にも達していた。またoutboundについては、文科省の統計を大衆向けに取り上げた2006

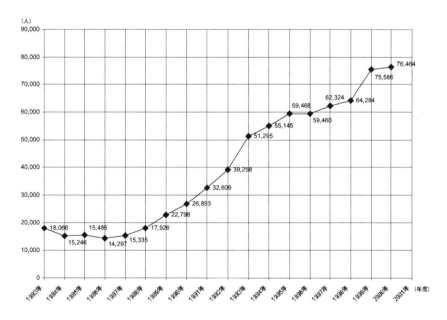

図3-1　急増した日本人留学生数（当時）

出典：中央教育審議会（2003）『新たな留学生政策の展開について』文部科学省、p.34。

年 11 月 26 日の読売新聞（東京版 9 面）「求む！日本人学生」が参考になる。同記事は、日本人の海外留学者数を各大陸・地域別に紹介しており、それによると多いところから順に、北米 42,295 人、アジア 16,028 人、欧州 12,151 人、オセアニア 4,028 人、中南米 32 人、中東 17 人となっており、大陸別に見ればアジアは 2 位につけているものの、当時は圧倒的に北米への留学志向が強かったことがわかる。

②具体的施策

上記のような地域間不均衡を是正するために、2003 年の中教審答申「新たな留学生政策の展開について」では、「受入れ中心から相互交流重視へ」と題し、幾つかの施策が具体的に挙げられている。筆者なりにまとめてみると、1）アジアやその他の途上国を念頭に置いたもの、そして 2）先進国との関係を念頭に置いたもの、の 2 種類に分類できる。

前者の例としては、まず海外留学に関する情報提供の充実が挙げられよう。加えて「アジア太平洋大学交流機構（UMAP）が開発した UMAP 単位互換方式（UCTS）の活用が有効」とし、短期留学の推進による日本人のアジア留学促進を示唆している。

さらに三番目として外国政府との協力体制の強化を挙げ、これまで関係のなかった、或いは希薄であった国々ともより強固な関係を構築していこうという意図が伺える。

次に、先進国を念頭に置いたものとしては、世界最先端の研究を行っている大学で日本人が博士号を取得できるような長期留学制度の設立がある。ここでは「国際機関の職員をはじめ国際的にも指導的立場で活躍できる日本人を育成すること」がその目的として掲げられている。

同答申の表現上は、それぞれの施策についてどれが途上国向けで、どれが先進国向けかという直接の言及こそ少ないが、「短期留学の推進に当たっては、（中略）アジア等への派遣」と述べ、アジアには当面、中長期留学よりも短期のものをより増加させるという方策を示唆するなど、

各施策については明らかにどのような国々を対象とするか予め想定していることが伺える。

　その推察が正しければ、途上国対象の施策と先進国対象のそれとではどのような違いが見られるであろうか。端的に言ってしまえば、前者は短期留学を中心とした省エネルギー的手法による量的拡大、或いは当時も今も留学先進国として知られる英米豪の現状への数字上のキャッチアップ戦略ではないだろうか。これに対し、後者では長期留学によって「国際的にも指導的立場で活躍できる日本人を育成」とその目的を明確にし、留学した日本人の質的向上に期待するなど、はっきりとした戦略的意図の違いが伺える。

③新政策への反応

　留学生政策に関する長い間の空白を埋めるように登場した同答申への評価は、客観的に見て概ね好意的であった。例えば黒木（2003）は、この答申を「留学生政策の新段階」と呼んで基本的に支持する。具体的には、1）わが国の国際競争力の強化、2）グローバル化の中で活躍できる人材の育成、という二つの視点を挙げ、「日本人が国際的な競争環境の中で学習や研究を行うことはきわめて有意義」と説いた。

　また、JAFSAもパブリックコメントという形で当時の会員からの意見を聴取した。その結果、同答申に対する表立った批判は少なく、こうすればもっとよくなるとか、この提言にはこういった補強策が不可分だなどの建設的な意見・要望が目立った。

3　答申後数年の動き

(1)　2007年の活況

　その後数年は目立った動きがなかったものの、2007年に入って相次いで留学生に関する政策が答申されたり、閣議決定されたりした。ほんの

数年前まで、留学生に関する国家戦略と言えば事実上留学生10万人計画だけだったことを思えば、まさに隔世の感がある。政府やその諮問機関によって発表された答申は以下の五つである。

① 経済財政諮問会議「成長力加速プログラム」(2007年4月)
② アジアゲートウェイ戦略会議（首相官邸)「アジアゲートウェイ構想」(2007年5月)
③ イノベーション25戦略会議（首相官邸)「イノベーション25」(2007年6月)
④ 教育再生会議「教育再生会議第二次報告」(2007年6月)
⑤ 経済財政諮問会議「経済財政改革の基本方針2007（骨太2007)」(2007年6月)

そして、政府以外では大学の側からも以下の注目すべき改善案が提言されている。

⑥ 国立大学協会「留学制度の改善に向けて」(2007年1月)

これだけの提案が全て2007年に出てきたというのは、おそらく偶然に過ぎないであろう。しかし、たとえ2007年という数字にさほどの意味はなくとも、留学生政策に関してこれほど多くの組織や個人が一斉に発言を開始したということは、今後の留学生政策の動向を占うという意味から、この年がひとつの大きな節目になったということは疑いない。2007年という年は、まさにそのような時代状況であったという点で後世に長く記憶されるであろう。以下、それぞれの提言や答申の内容について少し詳しく見ていきたい。

4　主要な答申及び提言の内容

(1)　経済財政諮問会議「成長力加速プログラム」

　本答申の副題は「生産性5割増を目指して」というもので、ここに本答申の基本的な性格がよく表れている。答申ではこの目標を達成するために次の三つの戦略を提言する。すなわち、

　①　基礎力：成長力底上げ戦略
　②　効　　率：サービス革新戦略
　③　創造力：成長可能性拡大戦略

の三つである。このうち留学に関係するものは上記③であり、その中の方策のひとつとして「大学改革"三つの重点パッケージ"」を提言している。
　その内容はわが国の大学の国際化促進を強く示唆するもので、具体的には海外の有力大学等との連携強化や留学生・教育交流の充実等をうたっている。続けてさらに詳細に、単位互換・二重学位・英語による授業・相互交流を目的とした奨学金の拡充等に代表されるような、アジアを含めた国際的な相互連携プログラム（「大学・大学院グローバル化プラン（仮称）」）を策定することを求め、後述する「経済財政改革の基本方針2007（骨太2007）」にその提言を盛り込むことを明言している。

(2)　アジアゲートウェイ戦略会議「アジアゲートウェイ構想」

　本構想では、航空自由化を筆頭に10に及ぶ最重要項目が挙げられ、その三つ目として「アジア高度人材ネットワークのハブを目指した留学生政策の再構築」を提言している。因みに、副題は「新たな国家戦略策定に向けた関係者の力の結集」というもので、ここで「戦略」という単語が用いられていることが目を引く。

　さらに続けて、「留学生戦略」という用語も使用されており、その具体的な方針は以下の通りである。

　【新たな留学生戦略策定に向けた基本方針】
　　①留学生受入れシェアの確保
　　②日本人の海外学習機会の拡大
　　③キャリア・パスを見据えた産学連携等の推進
　　④海外現地機能の強化
　　⑤日本文化の魅力を活かした留学生獲得
　　⑥国費外国人留学生制度の充実
　　⑦短期留学生受入れ促進

　「受入れ」という言葉と共に、留学生「獲得」という、より能動的な響きを持つ用語が登場していること以外には、従来と同じ受け入れ中心の発想であり、ここにはさほど大きな驚きはない。しかしながら、②として送り出しについても触れている点は評価できるのではないか。
　ここで述べられている送り出しの目的は、「世界で活躍できる日本人を育てる」というものである。そのために、「大学のオフショア・プログラムや短期留学プログラムの開発、若手研究者の派遣制度の充実、青少年交流の拡大、戦略的に重要な国への派遣等を推進する」ことをうたっている。最後の「戦略的に重要な国への派遣」という視点は、他の答申や提言にはないものであり、この点は重要な指摘であると思われる。
　なお、本構想では先に挙げた10の最重要項目として、四つ目に「世界に開かれた大学づくり」が挙げられており、その中の提言である「ダブル・ディグリーやジョイント・ディグリー等の国際的なプログラムの開発」も広義には日本人の海外留学を後押しする施策と言える。

(3)　イノベーション25戦略会議「イノベーション25」

　長期戦略指針「イノベーション25」が思い描くのは、2025年のあるべき日本の姿である。同指針は次の五つをその理想とする。すなわち、

　　① 生涯健康な社会
　　② 安全・安心な社会
　　③ 多様な人生を送れる社会
　　④ 世界的課題解決に貢献する社会
　　⑤ 世界に開かれた社会

という五つの理念である。このような社会を作る方策がイノベーションで、その「イノベーションを絶え間なく創造する基盤は『人』であ」り、さらに言えば「出る杭」としての人材であると同指針は言う。この観点から、同報告書では大学の重要性や留学の意義に着目する。

　例えば短期留学の充実や、中高生の段階でアジアの同年代の若者と交流させる等の案、さらには博士課程在籍者の1割を海外に1年留学させるというように具体的な数値目標を挙げ、若者の海外交流の充実を訴える。

　加えて、世界に開かれた大学づくりという観点から、「学生の交換留学を抜本的に拡充する」こと、「海外の大学の学部や大学院との単位互換を促進する」ことを説く。具体的には、複数学位制（ダブル・ディグリー）の拡大や、国際的な大学間連携（コンソーシアム）を通じた日本人学生の留学支援策を提案している。

(4)　教育再生会議「教育再生会議第二次報告」

　この報告は、初等・中等教育も含めわが国の教育問題全般について提言を行っている。その中の第Ⅲ章として「地域、世界に貢献する大学・大学院の再生」というタイトルを掲げ、その元となる「改革の視点」と

して、グローバル競争や大学全入、知識基盤社会などを挙げている。

　この第Ⅲ章の提言 2 が留学に関するもので、「国家戦略としての留学生政策」という文言を副題に使用している。その内容は以下の通りである。

【国家戦略としての留学生政策の推進】
・国は、新たな留学生政策を、教育政策のみならず、産業政策、外交政策を含めた国家戦略として再構築し、積極的に推進する。
・国は、現地でのリクルーティング支援体制の強化や、渡日前の選考・入学許可及び奨学金支給の決定、在学中の相談・支援、卒業後の就業を見据えた産学連携の強化等を図る。
・国は、戦略的・機動的な留学生政策のため有効活用する観点から国費留学生制度の改善を図るとともに、ODA 予算の活用などにより、アジア諸国等からの優秀な留学生の受入れを促進する。
・国は、日本人留学生について、大学生の短期留学や若手研究者の長期留学促進、中学高校生のホームステイ、交換留学等の機会の拡充を図る。

　この中で、送り出しに関する部分は最後の一文のみである。しかも、対象とする地域については触れられていないので、2003 年の中教審提言が指摘した地域的な不均衡という視点について、本報告において考慮されたのか否かは不明である。

　実は本報告では上記以外にも「アジアを含めた国際的な大学間の相互連携プログラム（「大学グローバル化プラン（仮称）」）」の策定や単位互換、ダブル・ディグリー等の促進を訴えており、広い意味ではこれらの提言も日本人の海外留学を促進するものと思われる。なお、これらの提言は後述する「骨太 2007」にも提言として盛り込まれている。

(5)　経済財政諮問会議「経済財政改革の基本方針2007（骨太2007）」

　上記で紹介した4種類の提言や答申を統合するような形で編纂、公示されたのがこの「骨太2007」である。この方針案では、いわゆる送り出しに関し、「日本人学生の短期留学の機会を拡充する」としか述べていないものの、大学の国際化に向けて様々な提言を行っており、それらは密接に送り出し政策と関連する。

　例えば、同方針では先の教育再生会議の第二次答申を受け、文部科学省に「大学グローバル化プラン」(仮称) を2007年内に策定することを要求し、「アジアを含めた国際的な大学間の相互連携プログラムを促進する (単位互換、ダブル・ディグリー等)」ことを提言している。これは、受け入れだけでなく送り出しも、という2003年の「新たな留学生政策の展開について」答申以来の姿勢を、改めて明確に指示したものと考えられる。

　また、「アジア高度人材ネットワークのハブを目指した留学生政策の再構築」を唱え、日本人の海外学習機会の拡大を提言している。さらに同じ文脈で、「『アジア・ゲートウェイ構想』の基本方針を踏まえ、(中略) 新たな留学生戦略を策定する」と記している。

(6)　国立大学協会「留学制度の改善に向けて」

　この報告書では、全部で5章からなる第1部の提言編のうち、1章（第5章）を送り出しにあて、日本からの海外学生派遣増加策を考察している。冒頭、日本学生支援機構が2004年度に行った調査結果を引用しながら、「日本から海外の教育機関へと留学する学生数は毎年7万人を超えていると考えられるが、(中略) この内の約半数が語学習得を目的とした留学であり、専門分野の学問領域を学習する目的での本格的な留学は依然として十分行われていない」と述べ、「日本人の海外留学生が少ないことは、日本の大学や社会の国際化を推進するにあたって大きなマイナス要因」だと警鐘を鳴らす。因みに、国立大学協会が上記で言う「本格的

な留学」をした日本人の数は18,570人である。

　同協会が学生の海外派遣増加策として挙げるのは以下の七つである。すなわち、

　① 海外留学プログラムを工夫すること
　② 日本人学生の留学に対するモチベーションを高めること
　③ 経済的支援を充実させること
　④ 海外留学に対して社会がもっと肯定的な評価をすること
　⑤ 卒業遅れや就職活動時の障害など、不利な要因を排除すること
　⑥ 日本人学生の語学力を向上させること
　⑦ 留学前、留学中、留学後の支援を充実させること

というもので、どの方策に関してもさらに細かい内容の提言が述べられている。例えば①に関しては、ダブル・ディグリー・プログラムや短期特別プログラムの共同開発は言うに及ばず、文科系学生と理科系学生との峻別、発展途上国への留学の推奨など、学生と日常的に接する現場の大学人らしい知恵が詰まっている。

　さらに言えば、③の経済的な支援不足も、⑥の語学力不足も、昔からあらゆる場面で指摘されていた事柄である。④の社会的な評価向上は②の学生側のモチベーションにもつながる問題であろう。⑤についても、留学すれば卒業が遅れるという現行の制度が学生の不満や留学離れを招いていることは、多くの識者が指摘してきたことである。例えば、筆者が2007年に発表した日本人のアジア留学に関する報告書には、多くのアジア留学経験者から（海外留学をすることによる）卒業の遅れを心配したという体験談が吐露されている（大西、2007）。

　そして、⑦の大学の側からの支援不足は何も送り出しのみに限ったわけではなく、受け入れに関しても同様の事態を招来していると思われる。これは、余りにも急激に留学生が増加したことがその原因であり、専門

職員の育成や制度の構築・普及が間に合わなければ、将来にわたって外国人留学生や日本人留学希望者双方の不満を招く危険性がある。

　このように本報告書は、政府やその諮問機関が提案した答申等と比べれば、確かに国益という意識はより希薄ではあるものの、きめ細かさや具体性、実現可能性という観点からは非常に優れた提案である。残念ながらこの報告書は、国立大学協会の政府への働きかけが不足しているからか、または単に宣伝が上手ではないからか、その内容の具体性や確かさに比べ余り社会から評価されているとは言えない。大学教育の現場或いは最前線からの貴重な提言という意味でも、もっと注目されてよい良質な報告書である。

(7)　いわゆる留学生 30 万人計画

　続いて 2008 年には、中教審が中心となり、いわゆる「留学生 30 万人計画」を提唱した。同年 2 月にはその正式な分科会として留学生特別委員会が発足し、現在に至るまで数字の会合を開催、〈「『留学生 30 万人計画』の骨子」取りまとめの考え方に基づく具体的方策の検討（案）〉という小冊子を編纂している。

　この答申では、第Ⅴ章「日本人の海外留学」としてわざわざ一つの章を割き、国際人の養成などその重要性や意義に言及しているところが、これまでの答申に比べ大きな進展となっている。ただ、内容についてはダブルディグリーの促進など、これまで発表された政府の答申と比べても特に新鮮味はない。受け入れに関しては「2020 年を目処に 30 万人を目指し」と明確な数値目標を掲げるものの、送り出しについては数値目標及び目標達成年限の設定はない。

　さらに、この答申にはアジアへの留学促進策について特に記述はなく、2003 年答申より逆に後退した印象さえある。その代わり、特に大事な留学先という意味であろうか、米国への留学について特別に叙述してあるのは重要なポイントであろう。

　また、中教審と同様に「留学生30万人計画」を支持・推進してきた教育再生会議は、2008年1月31日で解散したものの、その後を受けた教育再生懇談会が2008年5月20日に「緊急提言」を、同月26日に「これまでの審議のまとめ」を発表している。特に、後者についてはここでひと言触れておきたい。まず、同まとめでは、「3.『留学生30万人計画』に国家戦略として取り組む」とし、計画への積極的な関与を謳っている。国家戦略という用語を使用していること自体は注目すべきであるものの、日本人の海外留学促進については「日本人学生の海外留学も拡大する」と短く触れられているのみである。

　但し、次項の「4.英語教育を抜本的に見直す」で、「高校生、大学生の海外留学の推進などを通じ、英語教育を強化し、日本の伝統・文化を英語で説明できる日本人を育成する」としており、英語教育強化との関係で日本人の留学促進が提案されていることはここで記憶されてよい。

(8)　その後の動き

　こうした幾つもの答申が発表される中、筆者はinboundの「留学生10万人計画」及びその後の「留学生30万人計画」がいずれも数値目標を全面に出した政策であった事実を引き合いに、outboundの留学についても同様に数値目標を課すべきであると訴えた（大西、2008）。それ以前には同様の主張が見当たらないため、当該論文が数的な意味での一種の政策提言と受け止められた可能性はあるだろう。

　但し、同論文で筆者が主張した、2020年までに20万人という数値目標の算出方法には何ら科学的な裏付けはなかった。2004年時点で、outboundの約1.5倍がinboundの留学生数になっているという事実から、「留学生30万人計画」における2020年までの受け入れ目標が30万人なら、送り出しは20万人になるというだけの比率計算に過ぎなかったのである。

　ところがその後、こうした数値目標は実際の政策として取り入れられることになった。まずは民主党政権時代の2011年、『新成長戦略2011実

現』が閣議決定され、その中で「2020年における目標」として「海外留学・研修などの日本人学生等の海外交流30万人」という数値目標が内閣府（2011）によって示される。これは、政府が公式に発表したoutboundに関する初の数値目標として歴史的にも注目に値する。

　次に2013年、自民党・公明党連立政権になってから策定された『日本再興戦略』は、「2020年までに日本人留学生を6万人から12万人へ倍増させる」ことを謳い、翌2014年には『若者の海外留学促進実行計画』が内閣官房や外務省などの連名で発表された。後者は、先の目標達成のため各省庁がどのような役割を果たして行くかを具体的に取り決めた申し合わせとなっている。

　その結果、国内の多くの大学には政府、経済界及び市民社会の各方面からグローバル教育の実現、或いはそのための有力な手段としての海外留学促進に圧力とでも呼ぶべき強い期待が寄せられることになる。そして実際、2010年以降、inboundからoutboundへの劇的な政策転換があったことについては第1章の表1-2で述べた通りである。

注

1　このうち1編は筆者自身による論考。
2　この1編も筆者自身によるもの。

参考文献

大西好宣（2007）『欧米でなく、アジアへ留学することの意義 —— 留学前後の問題とキャリアパス：企業の視点を中心に』2005年度JAFSA調査・研究助成事業報告書、JAFSA

教育再生会議懇談会（2008）『第一回懇談会議事録』内閣府

教育再生会議懇談会（2008）『これまでの審議のまとめ —— 第一次報告』内閣府

教育再生会議懇談会（2008）「教育振興基本計画に関する緊急提言」内閣府

黒木慎一（2003）「留学生政策の新段階」『IDE現代の高等教育』No. 453、pp.11-16.

中央教育審議会（2003）『新たな留学生政策の展開について』文部科学省

中央教育審議会（2008）『「『留学生 30 万人計画』の骨子」に係る検討事項（案)』文部科学省

中央教育審議会（2008）『「『留学生 30 万人計画』の骨子」取りまとめの考え方に基づく具体的方策の検討（案)』文部科学省

内閣府（2011）『新成長戦略 2011』

中曽根康弘（2000）『21 世紀の国家戦略』PHP 研究所

堀江学（2002）「留学生 10 万人計画と大学の対応を考える」『Between』2002 年 11 月号、進研アド

本田優（2007）『日本に国家戦略はあるのか』朝日新聞社

文部科学省（作成年不明）『当初の留学生受入れ 10 万人計画の概要』

文部科学省（1997）『留学生政策懇談会』

読売新聞（2007）「中国大学事情（10）：世界標準見据え改革」8 月 18 日

コラム3：書評

佐藤由利子著『日本の留学生政策の評価　人材養成、友好促進、経済効果の視点から』

　比較高等教育学の碩学P. G. Altbachによれば、「留学生に関する研究については、(中略) 留学生個人の適応、異文化関係などのミクロレベルの分析が多く、国や組織への影響などマクロレベルの政治経済的観点からの研究が少ない」という（本書3頁）。そのような欠落を補う研究成果として、本書はわが国における嚆矢と言ってもよく、画期的な意味合いを持つ。

　著者の佐藤は、東京大学を卒業後、国際協力機構（JICA）での勤務を通して政府間レベルの途上国支援に携わり、その後学界に転じてからは、日本で学ぶ多くの留学生を支援してきたという複線的なキャリアを持つ。本書の核となる、インドネシア及びタイからの日本留学生に関する調査とマクロ政策分析は、まさにそのような著者であればこそ成し得た研究であろう。

　本書はまず、その構成がよい。誰もが認める留学大国である米国とわが国との経済便益の比較（本書第2章）に始まり、インドネシア及びタイでの著者自身による独自調査（同第3〜4章）、国費留学と私費留学の比較（同第5章）、留学生10万人計画前後の時系列比較（同第6章）など、最後に著者の言わんとする結論が素直に腑に落ちるような、理論的かつ緻密な章立てとなっている。

　中でも、本書の白眉となるのは第2章であろう。著者はそこで、留学生がわが国にもたらした経済便益の試算方法とその結果を、米国におけるそれと比較する。教育経済学の初歩的な手法ではあるものの、本邦初と言ってもよいこのような試みには素直に拍手を送りたい。ただ、著者自身は経済学の泰斗ではないため、これを契機として、専門家による今後のより精緻な分析を併せて望むものである。

　また、著者が考案したという政策評価マトリックス（Policy Evaluation Matrix, PEM）にも、同じく国際協力というフィールドを出身母体とする者として感銘を受けた。PEMとは、「ODAのプロジェクト評価で広く

用いられている理論的枠組み（logical framework）の1種であるProject Design Matrix（PDM）を、政策レベルの評価に適用できるよう改良したもの」である（本書15頁）。後者のPDM自体は、国際協力を生業とする人間には日常的に余りに見慣れたものであるため、それをこのような形で応用するという風にはなかなか考えが及ばない。脱帽である。

　第4章では、日本人に対する（留学生の）留学前後の印象変化が紹介されている。著者による調査では、留学前よりも後の方が「日本人が好き」と答える者が増えるなど印象は良くなっており、米国留学組の米国人に対する印象変化と比べても、より好ましい結果になっているという。

　「これまで、日本への留学生は、日本嫌いになって去っていくケースが非常に多かった」（『アホ大学のバカ学生グローバル人材と就活迷子のあいだ』(石渡嶺司、山内太地著248頁光文社）など、さしたる根拠もない、自虐的で無責任な流言飛語がいまだに多い中、われわれ留学生教育に関わる者としては非常に勇気づけられる実証研究ではなかろうか。

　その反面、ちょっとした注文がなくもない。例えば、「2つの目標を達成してきか（ママ）」(本書14頁）のような初版にありがちな脱字、「予算を減少し」といったような、日本語としてどうかと思うような表現、さらには一部のデータが1990年代初頭のものだったりして、概して古いなどの点がそれである。もちろん、これらは本書の本質的な価値をいささかも減じはしないものの、今後どこかの時点で修正されることを期待したい。

　なお、著者は本書の第8章等で、今後の研究課題として米国以外の国との比較、或いはタイ及びインドネシア以外の国における調査を挙げている。調査のフィールドをそのように水平に拡大していく方向性にもちろん異論はないが、他方、経済便益に関するより深い分析を含め、本書で提示された結果をさらに精緻に、或いは異なる視点で追及していくという垂直方向への進み方もあるのではないだろうか。

　いずれにしろ、同じくマクロレベルの研究に関心を抱く者として、著者の今後の研究に大いなる期待を寄せるものである。

（東信堂、2010年4月、238頁、税抜3,400円）

第4章　留学と外交：理念型の修正

1　本章の目的と方法論

　本章では留学生政策の実施結果とその評価について、inbound、outbound双方に共通する総合的な視点を提供したい。またそれによって、序章で紹介した海外留学に関する九つの従来の理念型を修正することを併せて提案したい。

　断っておくが、試みるのはあくまでも修正であり、モデルをさらに増やすことではない。考え得る類型種別としては既に出尽くしている印象が強く、これ以上屋上屋を架したり、さらなる細分化を図ったりする試みは、かえっていたずらな混乱をもたらすだけだと信ずるからである。

　本章の具体的な目的は次の三つである。

　(1) 留学生受け入れ理念モデルに関し、先行研究によって既に提示されている9類型のうち、②外交戦略モデル（国際協力・途上国援助モデル）について再考し、それが時代の流れを受けながら既に変化していることを指摘・証明すること。

　(2) さらに、上記の9類型はもはや受け入れ（inbound）だけでなく、送り出し・派遣（outbound）時の留学生政策としても重要な基準となっていることを指摘すること。

2　留学生の受け入れと外交

(1)　留学生受け入れの外交上の評価に関する先行研究

　これまでは主として、日本人学生の海外への送り出し・派遣（outbound）について述べてきたので、本章では外国人留学生の受け入れ（inbound）について見て行きたい。まずは外国人留学生の受け入れ政策に関し、その評価を外交的な視点で眺めてみよう。

　当該分野には次の二つの先行研究がある。まず、佐藤（2005）はインドネシアとタイの元留学生を対象に大規模なアンケート調査を実施し、留学生の出身国における人材養成への貢献という観点からも、親日家・知日派の養成という観点からも、政策の目的は達成されたことを実証した（本書コラム3参照）。

　佐藤によれば、当該2か国の元留学生に限り、日本への留学前よりも後の方が「日本人が好き」と答える者が増えるなどわが国に対する印象は好転しており、当該2か国から米国に留学した元留学生の米国人に対する印象変化と比べても、より好ましい結果になっているという。

　他方、相反するとも思える結果を報告したのは杉村（2003）である。彼女によれば、中国の元留学生については、わが国への留学後に日本に対する印象が良くなった、と回答した者の割合が他国と比較して低いという。残念ながら、その要因は何か、また佐藤が調査を行ったタイやインドネシアと比べて何が違うのかという点については、現時点でまだ判明していない。

(2)　外交の専門家から見た留学に関する先行研究

　ここで、本項で用いる外交という用語の定義を明らかにしておきたい。外交の定義は、古くはニコルソン（1968）によるものがある。彼によれば、外交とは短く言うならば「主権国家の間において、交渉を通じて合意に達する術に他ならない」という。さらにより正確には、当時のオッ

クスフォード英語辞典の定義を引用し、「外交とは、交渉による国際関係の処理であり、大公使によってこれらの関係が調整され処理される方法であり、外交官の職務あるいは技術である」と述べる。

　また、佐藤 (1989) は外交の持つ交渉という側面から比較的自由で、自国の独自な意志をより強調した「対外政策」という用語を用いてこれを表現した。本書で用いる外交の定義はこれに最も近い。

　外交専門家の側から留学生の受け入れについて詳細に論じた先行研究は、残念ながらそれほど多くない。ただ、外交の一部と見なされることの多い国際協力や途上国援助の専門家が、発展途上国の教育支援について論じたものは必ずしも少なくない。例えば、江原 (2001) は援助大国である米国の開発援助史という視点から教育政策との関連を論じている。

　彼によれば、20世紀における米国の開発援助は第1期（第2次世界大戦後〜1950年代末）の草創期、第2期（1960年代初期〜同年代末）の発展期、第3期（1970年代初期〜1980年代初期）の再分配志向期、第4期（1980年代初期〜同年代末）の危機対応期、第5期（1990年以降）の人間開発志向期という五つの段階から成るという。

　このうち、米国の援助体制が完成したのは第2期の発展期であり、江原は同国の留学政策について具体的に触れてはいないものの、彼が引用したCoombs (1964) の表（**表4-1**）によれば、この時期に米国の様々な機関が留学を援助の主たる手段のひとつとして位置づけたことが理解できる[1]。

(3)　教育を外交政策で支えたキーパーソン

　江原はまた、当時のElliott (1966) らの主張を紹介しつつ、この時期には既に「教育及び文化面での活動をアメリカの外交政策の『主たる手段として』活用すべきだという認識があった」と見る。そして、そのような変化をもたらした要因として彼が重視するのは、2人の大統領による当該分野におけるリーダーシップである。

表4-1　1960年代アメリカの教育、科学、文化に関わる交流・援助活動

活　動	国務省	USIA	USAID	国防省	PC
人的交流プログラム					
学生・教員の海外学習	＊	＊			
外国人学生・教員のアメリカ機関内学習	＊	＊	＊		
外国人研修生のアメリカ国内特別研修	＊		＊	＊	
短期滞在の外国人指導者・専門家へのサービス	＊	＊	＊	＊	
アメリカ人専門家短期派遣	＊	＊	＊	＊	＊
科学者・技術者交流	＊	＊	＊	＊	＊
発展途上国へのアメリカ人技術援助専門家派遣			＊	＊	＊
アメリカ人教員の派遣	＊	＊	＊	＊	＊
外国人教員の招へい	＊	＊			
外国人学生のアメリカ旅行	＊	＊			
その他の外国人のアメリカ旅行	＊	＊	＊	＊	
アメリカ人の海外旅行	＊	＊			
外国人軍事関係者のアメリカ国内訓練				＊	
海外におけるアメリカ人指導者による外国人軍事関係者の訓練				＊	
外国人軍事関係者によるアメリカ軍隊の訓練				＊	
民間交流プログラムへの財政支援	＊	＊			
民間交流の支援	＊	＊			

注：USIA=米国情報庁、USAID=米国援助庁、PC=平和部隊。
出典：Coombs (1964). pp.144-146からの一部抜粋。訳は江原 (2001) による。

　最初の1人はアイゼンハワーである。彼が1960年に発表したラテンア
メリカ諸国のための「社会開発計画」は、農地改革や住居、保健と並ん
で教育を重要な要素として位置付けた、と江原は言う。

　2人目はこれを引き継いだケネディである。ケネディは国務省の中に
教育文化交流分野担当の新たな次官補を配置することにより、外交政策
における教育文化交流の重要性に配慮した。

　その初代国務次官補となったCoombs（1964）によれば、米国が途上
国の教育を支援する目的は、「経済の物的基盤を整備しても、それを使
いこなす人間に新しい技能や知識がなければ不毛に終わる」からである
という。いわば、経済発展の前提条件としての支援とも捉えることが出
来る。

　他方、Elliott（1966）によれば、米国による途上国の教育支援は思想
的な闘いとしての意味も併せ持っていたという。実際にそのような考え
方に立ち、政策を推し進めたのは文化関係国務次官補代理であったJ. E.
Slaterである。時は米ソ冷戦の只中。Slaterは、世界の国々を「大西洋共
同体」「中国・ソ連ブロック」「アジア、アフリカ、ラテンアメリカの低開
発諸国」の三つに分類し、低開発諸国を助けるのは自由主義国たる米国
の責務であると説く。

　このような、1）経済開発上の必要性、2）自由主義的価値観の伝播と
自国文化の国際的な浸透、という2本の柱を中心とした米国の方法論と
援助理念は、時代によって紆余曲折を経るものの、やがて欧州やカナダ、
その後日本の援助関係者にも広く知れわたり、今日においても有形無形
の影響を及ぼしている。

3　外交という概念の変遷と発展

　留学生受け入れを巡る江淵による七つの理念型は、米国IIEの事例を
参考にしたことは序章で既に述べた。そのIIEがこれらのもととなるア

イデアをまとめたのは、1950 年代のことである。前項で触れた江原や Coombs、Elliott らの主張によれば、この時期は米国にとって留学生の受け入れが外交戦略としてまだその緒に就いたばかりであり、発展途上国の援助（別の言葉で言えば、経済開発上の必要性）及び国際協力（同じく、自由主義的価値観の伝播と自国文化の国際的な浸透）という、いわば大括りとも言える目的で実施されていたことを示唆していた。

　そのことを如実に表しているのが前述の表 4-1 である。ここには軍事関係者を除けば、(主として途上国の) 教員や学生、また技術者といった、当時の留学生政策の主たる対象が大括りで示されている。この意味で、当時の戦略をもとに江淵の提示した留学生受け入れのための外交戦略モデルが、括弧書きで〈国際協力・途上国援助モデル〉とあるのは全く正しい理解と言える。

　しかし、1980年代後半のいわゆる冷戦終結後、世界は大きく変化した。例えば、ボスニア・ヘルツェゴビナ紛争（1992〜1995）や未だ解決を見ないシリア内戦（2011〜）に代表される地域紛争の頻発、覇権国としての中国の政治・経済的台頭、そしていわゆる 9.11 に代表されるテロの脅威など枚挙に暇がない。今や、留学生受け入れの外交戦略モデルが、単純な括弧書きの〈国際協力・途上国援助モデル〉に留まっていてよい理由はない。

　日本を中心として見ても、かつて経済援助していた軍事政権下の韓国は漢江の奇跡と呼ばれる急速な経済発展とその後の民主化を達成した後、先進国として1996年OECD（経済協力開発機構）に加盟した。計画経済の行き詰まりに喘いでいた中国も、1978年に改革開放を掲げると80年代半ばから急激な発展を遂げ、国としての経済力は今や日本を遥かに凌ぐ有様である。つまり、韓国や中国からの留学生を受け入れる際の考え方として、既存の〈国際協力・途上国援助モデル〉はもはやお払い箱と言って良い。

　そこで本項では、冷戦後の外交や国際関係・協力に関する新たな概念

或いは潮流として、1）予防外交、2）人間開発、3）人間の安全保障、4）ソフトパワー、の四つを紹介したい。なお、それらが今後の留学生政策にどのような影響を及ぼすかについては、次項でまとめて考えたい。

(1) 予防外交

　そもそも外交というと、何か困ったことが起こってから関係者が集まって話し合う、いわば事後処理に似たイメージを持つ人も少なくないであろう。しかし現代では、戦争や領土紛争など何か良からぬことが起こる前に、それを未然に防ぐための予防努力も、外交の果たす大きな役割のひとつである。

　吉川（2000）によれば、予防外交という用語自体が初めて登場したのは早くも「冷戦さなかの 1960 年、国連事務総長ハマーショルド（Dag Hammarskjöld）が、国連総会への事務総長年次報告の序文で予防外交の必要性を論じた」時だという。しかし、同じく吉川によれば、残念ながら実際に国際社会でそのための取り組みが開始されたのはいわゆる冷戦の終結後であった。

　予防外交の定義は必ずしも一致しておらず、例えば最も一般的で簡明な表現としては、前述の吉川による「放置しておけば武力紛争に発展するような類の対立の予防」という定義があり、これが最もわかりやすい。

　他方、より詳細な定義としては、例えばジャーナリスト Michael S. Lund（1996）のものがある。彼によれば、予防外交とは「不安定な場所と時期において、国家や集団が、経済的、社会的、政治的な不安定な影響から、または国際的変動の不安定な影響から生じる政治的対立を解決するために、武力による威嚇または武力行使、あるいはそれに類する抑圧手段に訴えるのを回避するために講じられる対策」である。

　また一方、わが国の総合研究開発機構（NIRA）による定義では、「予防外交とはあらゆる当事者間の紛争が暴力化、悪化、拡大するのを防止し、国際の平和及び安全を脅かす恐れのある武力紛争となるのを防止す

るための、あらゆる主体による、非強制的な行動」だとされ（森本・横田、1996）、国際機関や政府以外の主体を想定していることが目を引く。

　いずれの定義でも、大事なのは紛争が起こってから外交手段としての交渉をするのではなく、将来起こり得る紛争を未然に防ぐために、現在考えられるありとあらゆる外交手段を使っていこうという考え方である。後述するように、教育はその有効な手段の一つになり得るのではないか、というのが本書での筆者の主張である。

(2)　人間開発

　米国によって始められた国際協力と教育支援に関する歴史に、1990年代初頭、新たな一頁が加わった。国際連合によって、人間開発という概念が初めて提唱されたのである。

　人間開発とは、それまでの経済中心の開発から人間中心の開発を志向するための新たな概念であり、「教育、健康、所得、雇用に対する人々の機会を拡大し、健康な物理的環境から経済的政治的自由に至るすべての範囲において、人々の選択の幅を広げるプロセス」と定義される。国連開発計画（UNDP）はこの概念を提唱した1992年以降、毎年『人間開発報告書』を発表し、その国・地域別ランキングは世界中で大きな話題になる。

　この概念が新しいのは、従来の国益という目的を極力捨象して、あくまでも人間中心の開発・支援を訴え、「教育、健康、所得、雇用」という開発支援の対象を明確にした点であろう。その上で、具体的には女性にスポットを当てたこと、教育支援等におけるNGOの役割を重視したことが挙げられよう。

　特に、女性の重視については、前述の『人間開発報告書』の中に社会における女性の活躍度を示す指標を取り入れていることからも明らかである。開発における女性重視の考え方は、1970年代に生まれた「開発の中の女性（WID、Women in Development）」という概念にも既に見られた

が、人間開発の中では「ジェンダーと開発（Gender and Development）」という新たな概念が用いられ、女性のエンパワーメントや、男性との関係性にも配慮した考え方へと昇華されている（Moser、1996）。

　このような基本的な考え方は、後年、国連のミレニアム開発目標[2]にも取り入れられ、さらには人間の安全保障（次項参照）という今日的な概念へとつながっている。要するに、単に国際協力と言っても、今日ではその概念自体が（留学生受け入れのための外交戦略モデルが提唱された時代と比べ）変化していることを、ここではまず理解すべきである。

(3)　人間の安全保障

　人間の安全保障という概念を提示したのも、実は国連である。それは、国連開発計画が毎年発表する『人間開発報告書』1994年版のことであった。

　日本語で言う「安全保障」は、英語ではNational Securityと呼ばれる。これに対し、人間の安全保障はHuman Securityと呼ばれ、国家を表すNationalが抜け落ちた。このことから、武者小路（2009）は人間の安全保障を指して、「『安全』を『国家』から切り離す『認識空間』」と呼ぶ。

　安全を国家から切り離して考えるようになったことで、非政府組織を意味するNGOの役割が、これまでより一層増したことも大きな特徴である。長（2012）は「人間の安全を保障するという作業は、NGOにとっては、まさに存在理由でもある」と言い、NGOを国家や国連を補完する「最重要の担い手の一つ」と呼ぶ。

　『人間開発報告書』1994年版によれば、人間の安全保障とは、「恐怖からの自由」及び「欠乏からの自由」からなる。前者で言う「恐怖」には例えば、民族紛争やテロ、或いは伝染病の蔓延、麻薬問題といった事象が具体的に思い浮かぶ。後者の「欠乏」とは、例えば雇用、所得、住居、健康、そして教育などを対象とする。

　平井（2009）によれば、カナダと日本はいずれも人間の安全保障分野

で活発に活動している先進国のひとつである。しかし、両国のアプローチは、カナダのそれが対人地雷問題など「恐怖からの自由」を軸としたものであるのに対して、日本のそれは経済政策を中心とした「欠乏からの自由」を軸にしているなど、いわば対極にある。

　そもそも、日本における人間の安全保障は1997年のタイバーツ暴落の中、当時の小渕恵三首相によって提唱され、現在に至るまで貧困や社会的弱者に配慮したプロジェクトの実施や基金の創設が中心となっている。いわば、これまで日本が得意としてきた開発援助分野であり、得意分野を生かすという点においてはカナダも同じである。両者はもちろん協力し、お互いを補完する事業を実施することもある。

（4）　ソフトパワー

　ソフトパワーとは、カーター政権で国務次官補、クリントン政権では国防次官補を務め、後にハーバード大学でも教鞭を執った国際政治学者 Joseph S. Nye, Jr.が1990年刊行の著書『不滅の大国アメリカ』（原題は *Bound to Lead: The Changing Nature of American Power*）の中で初めて提唱し、続く『ソフトパワー』（原題は *Soft Power: The Means to Success in World Politics*）が世界的なベストセラーとなったことでより広く共有されるようになった概念である。

　文化、政治的価値観、外交政策の３つから構成され、従来のハードパワー（＝軍事力）とは異なり、その国が持つ種々のソフトウェアに注目した点が新しい。前者が結局は支配という否定的な概念に直結するのに比べ、後者ではその国の魅力を土台にした吸引力へとつながると言うのである。

　よく似た概念に広報外交（Public Diplomacy）、または文化外交と呼ばれるものがある。Nyeによるソフトパワーという考え方は、その構成要素に外交を含んでいることから、既存の広報外交という概念をも包含した新たな切り口で、よりマクロなものの見方を提示したものと考えられよ

う。Nyeはその著書で留学の重要性にも触れ、次のように言う。

　アメリカの大学で学んで帰国する年に50万人以上[3]の留学生の心を
つかむことで、(中略)アメリカが輸出している考え方と価値観は、各
国で力をもつ支配層に直接に影響を与えることが多い。中国の指導者
のほとんどは息子か娘をアメリカに留学させており、これらの子女が
アメリカについて、中国政府の宣伝にみられる戯画化されたものとは
まったく違った現実的な見方を伝えることが少なくない。

　さらにNye(2004)は、より高いレベルでの影響力が発揮された具体
的な事例を挙げ、次のように持論を展開する。

　1950年代には、交換留学制度にくわわった学生と大学院生はわずか
40人から50人にすぎなかったが、このわずかな数ですら、長期的にみ
て政策面で強い影響を与えている。文化交流はエリート層を対象にし
ているので、一人か二人でも重要な人物がいれば政治的な効果は大き
くなりうる。たとえば、アレクサンドル・ヤコブレフは1958年に政治
学者のデービッド・トルーマンとともにコロンビア大学で学んだこと
から、強い影響を受けた。やがてソ連の重要な研究所の所長になり、
政治局員になって、ゴルバチョフ書記長に自由化政策を進言して主要
なブレーンになった。ヤコブレフとともに留学したオレグ・カルーギ
ンはKGBの高官になったが、1997年に過去を振り返ってこう述べて
いる。「交換留学はソ連にとって、トロイの木馬になった。ソ連の体
制を腐食させる大きな要因になった。……長年のうちに感染者が増え
つづけた」。

　Nyeは後に、ソフトパワーをハードパワーと組み合わせたスマートパ
ワー(Smart Power)やインテリジェントパワー(Intelligent Power)を提唱

するが、本書との関連性は薄いため省略する。

4　留学に関する理念型の再考

(1)　留学生受け入れに関する外交戦略モデル（国際協力・途上国援助モデル）についての再考

　序章で紹介した江淵（1997）は、留学生受け入れに関する理念型の①から④までを古典的モデルと呼び、留学自体の大衆化が進むなど、時代や社会状況の変化が生まれた段階で新たに⑤から⑦を追加している。その後、横田及び白土（2004）が⑧及び⑨を追加したのも、やはり社会がより豊かになったという現代の特徴を加味したのがその理由である。すなわち、ある国が留学生を受け入れる理由や目的は、経済成長やその時々の社会状況の変化によって、それ自体も大きく変わるし、また変わらねばならない。

　さらに、前項で見てきたように、外交や国際協力というより大きな概念さえ、主に冷戦の終結を契機として大きく変容してきた。したがって、1950年代のIIEの考え方をもとに江淵が提唱した外交戦略モデルは、21世紀初頭の日本でも一定程度有効には違いないものの、いつまでも〈国際協力・途上国援助モデル〉という括弧付きのままでは明らかにおかしいのである。

　にも関わらず、現在のわが国の留学生政策はそうした必要な変化をまるで拒んでさえいるようだ。例えば、2008年の「30万人計画」（より正確には「『留学生30万人計画』骨子」）を見てみよう。留学生受け入れ理念という点について、同計画は相変わらず「アジアをはじめとした諸外国に対する知的国際貢献等を果たす」と述べるのみで、従来通りの大括りな対外援助或いは国際協力としての色彩が濃いことは前回1983年の「10万人計画」と同じままである。

　つまり、序章で紹介したように、江淵が外交戦略としての位置づけが

弱いと批判した「10万人計画」から25年を経ても、留学生受け入れに関する目的や理念の変化という意味では大きな進歩はない。官僚による作文の限界であろう。この点を変えていくことが現段階での大きな課題である。

　つまり必要なのは、〈国際協力・途上国援助モデル〉という括弧抜きで外交戦略モデルを考えることである。国際協力・途上国援助という従来の単純な枠を乗り越え、現在の世界状況や日本が持つ能力に相応しい新たな目標や対象を考えてみるべき時に来ている。前世紀末も終わろうかという1997年7月、政府（文部科学省）の留学生政策懇談会・第一次報告は、留学生10万人計画の行方を片目で睨みつつ、「量から質へ」の転換という画期的な提言を発表した。21世紀の我々が見据えるべきは、さらにその先である。

　例えば、前項で紹介した予防外交や人間開発、或いは人間の安全保障という点では、他の国と比較してより大きな問題や困難を抱えているような国を、留学生獲得のための重点地域として定めてはどうか。資源は限られている。「選択と集中」は現実的な選択肢であろう。

　具体的には、戦争からの復興を目指すイラクやアフガニスタン、独立後歴史の浅い東ティモール、今世紀初頭まで軍事政権による圧政に苦しんだミャンマー（ビルマ）や2019年現在も内戦の続くシリアなどが考えられる。それ以外にも、日本をはじめとする国際社会の支援を必要としている国はまだまだ多いであろう。

　これらの国から継続的にまとまった数の留学生を受け入れることは、現在のように中長期戦略のないままでは到底不可能であろう。かと言って自由競争に任せていても、そうした困難を抱える途上国から多くの学生が日本を目指して留学して来るというイメージはなかなか描きにくい。経済上、安全保障上の困難に加え、日本との地理的・物理的な距離、日本語教育機関の数の少なさから来る言葉の壁など、留学実現までの障壁は数多いからだ。

　現実的な解決策としては、外務省やその傘下にある国際協力機構（JICA）が中心となって、留学生受け入れ重点国を指定し、将来のリーダーとなりそうな候補者をピンポイントで獲得していく努力を続けるしかない。現段階で政情の安定した国を相手にするのに比べて時間もヒトもカネもかかるが、次章で触れる米国とイランとの関係からも明らかなように、一国の外交戦略とは本来そのように長期的な視野も必要であろう。

　人間開発及び人間の安全保障という観点でのひとつの光明は、わが国には女子留学生が少なくないことだ。JASSOによる外国人留学生在籍調査2018年度版では、わが国が受け入れた留学生のうち、男性が55.9%、女性が44.1%と男女比はほぼ拮抗している。教育的、外交的に意図した結果とは思えないものの、現状に満足せず、今後もさらに多くの途上国出身の女子学生が日本に来てもらえるよう、広報活動の充実や新たなカリキュラムの開発等における努力が期待される。

　さらに、ソフトパワーという概念は、そのように多くの留学生をわが国に惹きつけるための方策や考え方について、様々な示唆を与えてくれる。横田（2013）が指摘するように、「留学先の決定は第一に個別の大学が選ばれるのではなく、まず国が選ばれ、しかる後に大学が選ばれる」という順番を間違えてはいけない。

　そして、国としての魅力という点では、前出のNye（2004）も指摘するように、アニメーションなどのポップカルチャーや他国と比較して低い犯罪率など、「日本はアジア各国のなかで、ソフト・パワーの源泉になりうるものをとくに大量にもっている」のである。そうした吸引力をわが国が持っているのならば、あとはそれを知らしめる努力をするだけだ。横田（2013）によれば、「個別の大学による広報の前にオールジャパンでの広報」が大事なのである。

　しかるに、現実はどうか。同じく横田によれば、「留学に関する国レベルの広報力の弱さはこれまでにも指摘され続けてきた大きな課題」と

なっている。横田はその具体的な事例として、英国のブリティッシュ・カウンシル等と比較した際の、わが国の留学支援機関（JASSO等）の海外拠点数が著しく少ないことや、関連機関の連携不足を挙げる。

　他の多くの研究者や実務家同様、この点については筆者も全く同じ考えである。例えば、留学生に占める女子の割合において、わが国は一定の成功を収めている点について既に述べたが、残念ながらそのような事実が海外に広く知れ渡っているということはないし、この点で他国から特段の敬意を払われているということもない。予算の制約という点は理解するものの、広報の中身や戦略の練り直しなど、現在でも出来ることはまだあるのではないだろうか。

(2)　日本人学生の海外派遣に関する留学モデルについての再考

　序章で紹介した留学生受け入れに関する理念型をもう一度見てみよう。筆者には一つの大きな疑問が湧く。すなわち、ここ数年の日本政府によるグローバル人材支援のための幾多の政策を考える時、ここでわざわざ「受け入れ」と断ってあることの矛盾である。

　日本政府も大学も、若者の海外留学をかつてないほど奨励し、実際に奨学金も与え、将来のグローバル人材となってくれることを強く願っている。例えば、理念型①の個人的キャリア形成モデルでさえ、政府は極めて限られた額であるとはいえ、奨学金を出すという形で奨励しているではないか。

　つまり考えてみれば、わざわざ「受け入れ」と限定しなくとも、殆どの理念型はinbound、outboundに関わらず当てはまるものであろう。但し、⑥の顧客モデル、及びその発展型である⑧の経済発展モデル、そして⑨の高度人材獲得モデルは、字面からして主として留学生の受け入れに関する理念型だと思われる。それならば、⑥の顧客モデルは顧客・購買モデル（市場型モデル）に、⑧の経済発展モデルは発展型市場モデルに、また⑨の高度人材獲得モデルは高度人材獲得・養成モデルと書き換える

ことでinbound、outbound双方に関わる理念型とすることが可能である。

(3)　結論：留学の理念モデル修正型

　以上の主張にしたがって、序章で示した留学生受け入れに関する理念型を筆者なりに修正したものが以下である。極めて多くの賛同があることを願う。

留学生受け入れに関する理念モデル改め、留学の修正理念モデル
　① 個人的キャリア形成モデル
　② 外交戦略モデル
　③ 国際理解モデル
　④ 学術交流モデル（研究活性化モデル）
　⑤ パートナーシップモデル（互恵主義モデル）
　⑥ 顧客・購買モデル（市場型モデル）
　⑦ 地球市民形成モデル
　⑧ 発展型市場モデル（上記⑥の発展型）
　⑨ 高度人材獲得・養成モデル

注

1　この時期の政策を支えていた学術的なバックボーンは、いわゆる近代化論である。冷戦たけなわの時期、マルクス主義的歴史観に対抗する目的で米国の社会科学を中心に広く浸透した。

2　開発分野における世界共通の目標。2000年9月にニューヨークで開催された国連ミレニアム・サミットで採択された国連ミレニアム宣言をもとにまとめられた。以上、外務省HPより。http://www.mofa.go.jp/mofaj/gaiko/oda/doukou/mdgs.html（2019.10.7閲覧）

3　ある時点での在籍者総数と、年あたりの卒業生数との混同か。

参考文献

江原裕美（2001）『開発と教育国際協力と子どもたちの未来』新評論

江淵一公（1997）『大学国際化の研究』玉川大学出版部長有紀枝（2012）『入門　人間の安全保障』中央公論新社

長有紀枝（2012）『入門　人間の安全保障 —— 恐怖と欠乏からの自由を求めて』中央公論新社

吉川元（2000）「序論予防外交の理論と枠組み」吉川元（編）『予防外交』三嶺書房、pp.3-24.

佐藤英夫（1989）『対外政策』東京大学出版会

佐藤由利子（2005）「留学生10万人計画の成果と今後の展望 —— インドネシアとタイに対する日本の留学生政策評価と米国との比較から」『留学生教育』10号、pp.61-76.

首相官邸（2008）『「留学生30万人計画」骨子』https://www.jsps.go.jp/j-kokusaika/data/meibo_siryou/h21/06_kosshi.pdf（2019.10.7閲覧）

杉村美紀（2003）「日本の留学生政策とアジア諸国との留学交流 —— 中国人留学生に着目して」『上智大学教育学論集』38号、pp.20-22.

ニコルソン.H（1968）『外交』東京大学出版会

日本学生支援機構（2019）「平成30年度外国人留学生在籍状況調査結果」等各年度版

平井照水（2009）「第14章　人間の安全保障と市民社会のグローバルな連携」武者小路公秀（編著）『人間の安全保障国家中心主義をこえて』ミネルヴァ書房

武者小路公秀（2009）「序章羅針盤としての『人間の安全保障』」武者小路公秀（編著）『人間の安全保障国家中心主義をこえて』ミネルヴァ書房

森本敏・横田洋三編著（1996）『予防外交』国際書院

横田雅弘（2013）「留学生獲得のための入試広報戦略 —— オールジャパンと個々の大学の戦略」『留学交流』Vol.33、pp.1-10.、日本学生支援機構

横田雅弘・白土悟（2004）『留学生アドバイジング学習・生活・心理をいかに支援するか』ナカニシヤ出版

Caroline O. N. Moser（1996）『ジェンダー・開発・NGO私たち自身のエンパワーメント』久保田賢一・久保田真弓訳（1997）新評論

Coombs, Philip H.（1964）*The Fourth Dimension of Foreign Policy: Educational and Cultural Affairs*, Harper & Row Publishers.

Elliott, William Y.（1966）*Education and Training in the Developing Countries*, Frederick A. Praeger.

Joseph S. Nye（1990）『不滅の大国アメリカ』久保伸太郎訳（1990）読売新聞社

Joseph S. Nye（2004）『ソフト・パワー21世紀国際政治を制する見えざる力』山岡洋一訳（2004）日本経済新聞社

Joseph S. Nye（2011）『スマート・パワー21世紀を支配する新しい力』山岡洋

　　一・藤島京子訳（2011）日本経済新聞社

Michael S. Lund（1996）*Preventing Violent Conflicts: A Strategy for Preventive Diplomacy*, US Institute of Peace Press, p.37.

UNDP（1992 & 1994）*Human Development Report 1992 & 1994*

┌─ **コラム4：エッセイ** ─┐

タイ王国への大学院留学

　2000年6月から2003年10月までの3年間、東南アジアの伝統国タイの大学で高等教育学を専攻した。筆者が籍を置いたのは、首都バンコクにある国立大学の教育学大学院高等教育研究科博士課程である。

　タイの大学を卒業したというと、日本では大変珍しがられる。しかしながら、珍奇さだけが強調されるのは筆者としても本意ではない。そこで本稿では、タイにおける大学の現状をできるだけ多くの読者にご紹介したい。タイ留学に関する情報が極めて少ない現状では、筆者個人の拙い経験でも何かの役に立つのではと期待するからである。

　筆者が通ったチュラロンコン大学（以下チュラ大）は、国内最古の大学であること（1917年創立）、もともと官僚養成を目的として設立されたこと、国立であること、首都にあること、入試が最難関であること、最も規模が大きいことなどから、よくわが国の東大と比較される。2000年当時、この大学の博士課程への入学に際して要求されたものは、1) 志望動機を記したエッセイ、2) 入学後の詳細な研究計画、3) 上司や指導教授の推薦状、4) TOEFLスコア、5) 学部および修士課程の成績表、そして、6) これまでに執筆・出版した主要な論文などである。これらの書類を全て提出してから2か月後、大学から合格通知が届いた。後で聞いた話では、博士課程初の日本人留学生として大変歓迎されたとのことだ。

　タイの大学は毎年6月に授業が始まる。その1週間前に新入生、それも留学生のみを対象としたオリエンテーションがあった。当日、教室に集まったのはざっと30名程。欧米からの留学生も数人いるものの、圧倒的に多いのはアジアからの留学生たちだ。そのうち日本人は学部

生が10数名、修士課程が1名、そして博士課程の私という構成。ただ、チュラ大の例では学部・大学院を含め、その多くが提携校との1年未満の交換留学であるらしい。

　私の研究テーマは、タイの高度経済成長に公開大学（無試験で入学できる大規模大学2校）が果たした役割を探るというもの。当時既に米国で修士号を得ており、英語での研究には支障がなかったことから、タイでの論文指導と授業についても最後まで英語で受けた。

　タイの大学で展開されている英語コースの現状については政府の公式統計が詳しいが、例え統計には含まれていなくとも英語だけで卒業可能な大学は現実には幾つかあると思われる。それは、チュラ大のような大きな国立大には、米国で学位を取得した教授が多数在籍するからだ。特に、コースワークが比較的少なく、論文指導に重点が置かれる博士課程に限り、指導教授によっては、タイ語が一切できなくても筆者のように卒業まで行き着くことは可能である。

　チュラ大を含め、タイの大学には総じて米国式のシステムを導入しているところが多いようだ。例えばチュラ大で博士号を取ろうとした場合、最初の1〜2年はコースワークがあり、それらをクリアした段階で、次の大きな節目として博士号候補になるためのコンプ（comprehensive exam）と呼ばれる試験がある。高等教育専修の場合には、統計学、学生指導論、高等教育経営論、カリキュラム論などが必須科目で、2日から3日に及ぶ筆記試験が課される他、博士論文の予定内容についての口頭試問がある。どれか1科目でも70点以下の場合には不合格となり、もう一度だけ全体の再試験を受けることが許される。それでも合格しなければ待っているのは退学という厳しい現実だ。

　このように、博士課程生から博士号候補に、そして博士という流れは典型的な米国の制度を導入したもので、この点が日本の大学との大きな差であろう。前述のコンプも米国同様、基本的には落とすためのものだと言う人もいる程である。実際、私の1期上の先輩たちが大量に不合格・再試験を告げられ、図書館に集まって皆一様に青い顔で今後の相談をしていたことを思い出す。

　コンプを突破し、めでたく博士号候補となれば、後は博士論文を仕上げるのみである。その際、学生は指導教官を正副2名選ばなければならない。私の場合には所属する高等教育学科の学科長に主たる指導をお願いし、分析のツールとして経済学を用いる関係上、副指導教官には経済学部の先生をお願いした。予期せぬ出来事だったのは、この主任指導教官が日本へ半年間研究留学したこと、そして副指導教官がタイ財務省の副大臣として政権入りしてしまったことだった。大いに慌てたが、お二方とも継続してご指導をいただけることとなり、何とかことなきを得た。タイ政府・財務省のビルまで赴き、政務の合間に副大臣室で指導を受けたことは今でも良い思い出だ。

　現地調査をもとにデータを集めて分析したら、あとはひたすら論文を書く。そうして完成した論文は、指導教官の厳重なチェックを受けた後、口頭試問へと回される。このようなプロセスはおそらく世界共通で、口頭試問は学生にとっては博士号授与の是非が決められる、まさに運命の瞬間である。チュラ大ではこのように大事な判断をする際、その公正を期すため、他大学からも審査官を受け入れる。私の場合には、新旧の学科長、指導教官2名らと共に、博士論文でも取り上げたラムカムヘン大とスコタイ・タマチラート公開大からそれぞれ1名の代表を迎えての口頭試問であった。各審査官からは様々なコメントがつき、関連箇所全てを速やかに修正することが要求された。最後の最後で途方に暮れたことを今では懐かしく思い出す。

　卒業式で王女様から直接卒業証書をいただいた（成績の如何を問わず、タイではごく一般的）のも懐かしい思い出だ。このような際、タイにはお辞儀の仕方ひとつとっても独特の習慣があり、留学生としてそれらを完璧にこなせるよう何度もリハーサルをしたことも。絶えずお経が流れ香が焚かれる、この式の荘厳な雰囲気は、日米のどちらとも違って非常に興味深かった。日本、米国、タイという三つの異なる文化を経験し、複数の視点からものごとを見ることができるようになったのも大きい。タイにはチュラ大の他にも、国際水準の高等教育機関が幾つもある。もっと多くの日本人が留学してくれることを切に願って止まない。

第5章　教育外交：米国とイラン

1　わが国の近隣諸国

　わが国と地理的に最も近い国といえば、もちろん中国と韓国であろう。この二つの国は歴史的にも日本にとって死活的に重要な国々であった。例えば中国とは、序章でも触れたようにわが国との間で遣隋使・遣唐使を通じた長い交流の歴史がある。

　そうした交流は漢字や宗教、音曲など、国の発展のために重要な知識や文化をわが国にもたらした。多くの諸外国と関係を絶った江戸時代でさえ、中国との交易は続いた。その後、韓国を含め、相互に不幸な歴史はあったものの、現在の人的・経済的さらには文化的・学術的な交流を考えれば、両国はわが国に最も多大な影響を与え得る国々だと言えよう。ところが残念ながら、韓国とは2012年8月、時の大統領の竹島上陸を契機として、本稿執筆中の2019年現在までわが国との関係は悪化の一途を辿るばかりである。慰安婦合意の事実上の一方的破棄、いわゆる徴用工に対する賠償を認めた韓国大法院（最高裁）判決、自衛隊機へのレーダー照射問題、さらにはわが国による対韓国貿易優遇措置の解除、そして韓国軍による竹島上空でのロシア空軍機に対する360発もの警告射撃など、次々と困難な出来事が発生し、互いの国に対する反感が国民レベルで沸騰している。

　それらのニュースに呼応するかのように、日本国内のメディアや一部の識者は両国に対する苛立ちや嫌悪感を隠そうともしなかった。実際、

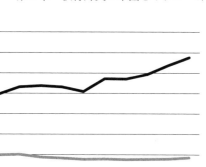

図5-1　中国及び韓国からわが国への留学生数

出典：日本学生支援機構（JASSO）による外国人留学生在籍状況
調査結果・各年度版。

新聞や雑誌には、「【総力大特集】反日包囲網と、こう戦え！」[1]「韓国の
嘘がバレる日『日本人が知っておくべき嘘つき韓国の正体』連動大特
集」[2]など、扇情的な見出しがこれでもかといわんばかりに並ぶ。

　このような背景を受けてか、韓国から日本への留学生数はこのところ
緩やかな減少傾向にある（**図5-1**）。十年前と比べ、絶対値での落ち込み
は小さいものの、日本への留学生総数が増加傾向にある中、中国、ベト
ナム、ネパールといった国々からの留学生数の伸長が著しく、韓国人留
学生の相対的な構成比率は2008年の15.2%から2018年には5.7%へと大
きく低下している（**表5-1**）。

　実は中国とも、2012年9月のわが国による尖閣諸島国有化を契機とし
て、関係がかなりぎくしゃくした時期がある。それに応じて、中国から
日本への留学生数は一時的に減少したものの、比較的短期間で政府間の
軋轢を巡る状況は改善し、留学生数も上昇へと転じている（図5-1）。但
し、尖閣諸島に関する日中の主張は依然として平行線のままであり、根
本的に解決したわけではない。また中国とは、韓国同様、第二次世界大

表5-1　日本への留学生数上位の国及び地域

順	2008		2018	
	国・地域	人数	国・地域	人数
1	中国	72,766	中国	114,950
2	韓国	18,862	ベトナム	72,354
3	台湾	5,082	ネパール	24,331
4	ベトナム	2,873	韓国	17,012
5	マレーシア	2,271	台湾	9,524
6	タイ	2,203	スリランカ	8,329
7	米国	2,024	インドネシア	6,277
8	インドネシア	1,791	ミャンマー	5,928
9	バングラデシュ	1,686	タイ	3,962
10	ネパール	1,476	バングラデシュ	3,640

出典：日本学生支援機構（JASSO）による外国人留学生在籍状況調査結果・各年度版。

戦中の歴史認識を巡る問題を抱え、両国政府間の関係が常に、そして永遠に良好であるとは全く断言出来ない。

　それでも、2018年5月1日現在、わが国における中国及び韓国からの留学生は、それぞれ114,950人、17,012人である（表5-1）。出身国・地域別の人数ではそれぞれ第1位と第4位であり、留学生「数」が親日度を測る重要な指標のひとつなら、両国は今、世界で最も親日的な国々のはずである。

　しかし、残念ながら現実はその逆で、例えば2013年に言論NPOが行った日中世論調査では、中国人の92.8%が日本に対して「良くない印象」を持っていると回答したこともある。2019年現在、韓国人の対日観はさらに悪い。このような厳しい結果を招いているのは、いったいどうしてなのだろう。

　わが国の大学や大学院を卒業後、親日家或いは知日派として母国へ帰っていった元留学生の中には、これらの国々の中で社会の中枢或いは指導層として活躍する者も多い。本来なら、まさにその彼らこそが、双方の文化・慣習を知るがゆえに、彼我に横たわる誤解や軋轢を解きほぐ

すような活動をしてくれてもよさそうなものである。

　さていったい、そのような親日派の彼らはどこにいるのだろう。冒頭のような胸の痛むニュースに触れるたび、どこか救いを求めるようにそう考える日本人は筆者だけではあるまい。

　そこで次のような疑問がわく。すなわち、留学生を受け入れ、親日家或いは知日派として育てようというわが国外交上の企図は成功していないのであろうか。もしそうならば、いったいどうすればよいのだろうか。本章では、教育外交という筆者による造語をキーワードとして、外交戦略としての留学生政策を現代的な視点から再検討することにより、これらの問いに答えてみたい。

　具体的には米国とイランとの関係に着目する。その理由は、両者の関係が日本と中国或いは韓国とのそれに様々な点で似ていると考えるからである。それは必ずしも、「先進国と発展途上国」という関係性ばかりではない。米国及びイランによるこれまでの愛憎相半ばする歴史を振り返ることで、同様の状況にある日中或いは日韓関係の今後に対する有益な示唆が得られるのではないか、というのが筆者の仮説である。以下、留学生の受け入れという点も含め、米国とイランとの歴史的な関係を見て行こう。

2　米国とイランの関係史概略：その1

　米イ両国が初めて関係を結んだのは今から約1世紀前のことというから、比較的最近の出来事である。中東地域研究の泰斗である高橋 (2013) によれば、「19世紀からイランはロシアとイギリスの食い物にされてきた。イランは20世紀初頭からアメリカに接近して、この苦境から脱出しようとした」という。イランが米国に接近した理由は、米国が英国からの独立を成し遂げた国だからであり、いわば敵の敵は味方という論理である。

けれども、米国はある時そのイランを裏切る。1953年、米国はあろうことかイランが敵視する英国と共謀し、「民主的に選ばれたイランのモサデク政権をクーデターによって倒した」のである。前出の高橋は続けていわく、「アメリカに裏切られたという感情は、今でもイラン人の心理から離れていない。しかし、裏切られたという感情は、アメリカに対する強い期待の裏返しである。イラン人にとっては、アメリカは憎しみの対象であるばかりでなく同時に強い憧れであり、心を惹かれる存在である」。

このように、米国とイランとのこのような歴史的経緯や、今では愛憎半ばするという国民感情は、総じて近現代の日中関係或いは日韓関係ともある種の共通性があるように思える。

3　米国におけるイラン人留学生数

さて、留学生という観点で共通項があると思われるのは、イランから米国へ、中国から日本へという学生移動の量的側面である。**図5-2**はInstitute of International Education（IIE）の統計により、米国におけるイランからの留学生数の推移を過去30年にわたって示したものである。2017/18年の米国におけるイランからの留学生数は12,783人で、国・地域別の留学生数でみると全体の第12位と比較的上位にランクされている。この点、前記の高橋（2013）も「アメリカとイランの政府間の関係の悪さにもかかわらず、両国間には驚くほど密な人的交流がある」と認めている。

2019年現在、米国とイランとの対立は核合意の遵守及び破棄を巡ってまたもや深まっている。他方幸いなことに、現在のところ日中関係は、敵対的というほどの深刻な関係には陥っていない。少なくとも今日明日にも戦争が始まるというレベルでないことは確かだろう。この点からすると、現在の米国とイランとの敵対的な関係と最もよく似ている事例としては、日中よりも日朝関係を想起するのはどうだろうか。

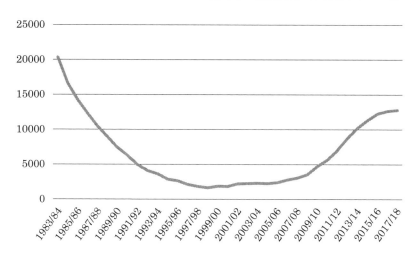

図5-2　米国におけるイラン人留学生数の変遷

出典：*Open Doors: Report on International Educational Exchange by IIE*

　在日朝鮮人の子弟を中心とした朝鮮学校、朝鮮大学校などごく少数の事例を除き、日本が北朝鮮からの留学生を今すぐ進んで受け入れるという状況には現在ない。もし政府や特定の大学がそうした政策を無理に推し進めようとすれば、世論が決して黙っていないだろう。

　こうしてみると、最も敵対しているイランからでさえ多くの留学生を受け入れている米国は、日本とはかなり異質な気がして来る。ある時期の大統領がどれほど差別的な思想の持ち主であっても、総体としての米国やその国民が多様性及び寛容さという点で、かなり懐の深い存在であることが容易に理解できるだろう。

　実は、近い過去において、イランから米国への留学は現在の中国から日本へのそれと同じくさらに活発であった。IIEのデータによれば、米国とイランとの関係が比較的良好だった1974/75年から1982/83年まで、米国におけるイランからの留学生数は国・地域別で連続して第1位を占めていた。どの年度も数万人という規模であり、そのピークはイラン革命前後の1979/80年で、驚くなかれ、実に51,310人ものイラン人留学生

が米国で学んでいたのである。

4　米国とイランの関係史概略：その2

　当然のことながら、その頃、イランにおける数多い米国留学組が、同国社会における枢要な地位を占めることは多かったであろうと推察される。実際、1979年の革命により成立した臨時革命政府の首相バザルガンこそフランスからの帰国組であったが、彼の指名した外相ヤズディ、及びそのヤズディが辞任した後に外相となったゴトブ・ザデなどは、いずれも米国留学経験者である。

　しかし、その革命によりイランはイスラーム共和制を採用、同じ年の在テヘラン米国大使館占拠事件（〜1981年）を契機として、米国からの離反を強めていく。高橋（2013）によれば、「79年のイラン革命後は、おそらく百万単位のイラン人がアメリカに亡命した」という。その中にはもちろん、かつての米国留学組が多数含まれていただろうことは想像に難くない。翌1980年、米国は対イラン外交関係断絶を宣言、同じくこの年に始まったイラン・イラク戦争を経て、米イ両国の敵対関係はもはや決定的となった。

　但し、その後30年以上に及ぶ長い敵対の時代には、両国関係が改善に向かうのではと期待された時期もあった。例えば、イラン革命を知らない世代が大学生となった1990年代の後半、イランの第五代大統領となったセイエド・モハンマド・ハータミーは、対米関係改善を模索した指導者として知られる。

　ハータミー大統領は、国内においては党派対立の解消を目指し、国際的には「文明間の対話」路線を強力に推し進めた。ただ、「2001年9月に発生した『米国同時多発テロ』(所謂『9.11』) 事件は、こうした和解に向かう兆候さえ見せ始めた米・イ関係に深刻な負の影響を及ぼした」(高橋2013) ことで、同大統領の試みは未完に終わる。その後、イランには核

兵器開発国、或いはテロ支援国家であるとの疑惑が起こり、2003年の一般教書演説において、ブッシュ米国大統領が北朝鮮やイラクと共にイランを名指しし、「悪の枢軸」と呼んだことで、両国関係はついに最悪の事態を迎えることとなった。

　しかし、そのように最悪の関係下でも米国とイランとの水面下での対話は続いていたのである。例えば、2011年から翌年にかけて、米国の国家安全保障会議のメンバーでオバマ政権の外交顧問でもあるパネット・タルワーらがイラン側と秘密裏に協議を行っている。さらに2013年2月にはオマーンで、米国務副長官ウィリアム・バーンズとイランのハジ副外相とが極秘に会談を行ったりもした。

　2013年8月、第七代大統領となったハサン・ロウハーニーは穏健路線の指導者である。米国の同盟国である英スコットランドのグラスゴー・カレドニアン大学で公共法の博士号を取得している国際派でもある。また、同政権で外務大臣を務めたモハンマド・ザリフは、米デンバー大学で国際法の博士号を取得し、その後国連大使も務めた外交の専門家だ。対イランのみでなく、米国は常に敵対関係終了後の体制までを視野に入れ、予め留学支援という手段を通して人脈を準備しているかのように筆者には思える。

5　教育外交の時代：米国とイランの歴史に学ぶわが国留学生政策の将来像

　国際教育に携わる関係者の間で、果たして米国には留学（生）政策があるのかないのか、ことの真偽を巡って議論になることがある。曰く、米国の大学に世界中の留学生が集まるのは、あくまでその研究や学術における国際的な地位が高いからであって、必ずしも国策としての結果ではない。曰く、いやいや、それにしてはどの大学も留学生の獲得には頗る熱心で、質量ともにわが国を凌ぐ莫大な労力と時間を投下しているで

はないか、云々。

　確かに米国の手法は、主管官庁である文部科学省を司令塔として、官学一体となった留学生獲得活動を展開するわが国とはかなり異なっている。しかし筆者は、この点のみをもって、つまり日本とは違うからというだけで、米国には留学（生）政策がないとまで断言してしまうのは些か短絡ではないかと考える。対イランの例で見たように、むしろ米国には外交戦略を核とした、より高次元の政策が存在すると考えている。

　それは、前章で述べたソフトパワー戦略、広報戦略など個々の細かな戦術・戦略、技術的方略の上位にあるべき概念で、いわばこれからの日本にも役立つ大戦略と呼ぶべきものであろう。この意味で、筆者はかねてより教育外交という新たな概念を提唱している。その定義とは、「教育を目標、手段及び対象とする事象や問題の中で、その解決にあたって外交が大きな役割を果たす際、必要な知識や考え方、スキルの総称」である。

　まず、その教育という側面に焦点を当てれば、それが第一に目指すものは、これからの日本やアジア、ひいては国際社会全体の平和と発展に寄与できるリーダーの育成であろう。前章で見てきたように、外交という舞台はこれまで既に大きな変遷と発展を遂げている。そこで必要とされるのは、国家間の、或いはアジア太平洋地域のように国家を超えたより大きな国際社会で、近い将来生じるかもしれない紛争を未然に防ぎ、もって平和と発展に寄与できる果敢なリーダーであることは疑いがない。

　国と国との関係は、時に予測不可能なほど大きく揺れ動く。米国とイランとの関係もしかりである。そして、本章の冒頭で触れた、わが国と中国及び韓国との関係も、過去から現在において蜜月時代もあれば困難な時期もあった。仲の良い時期、悪い時期、その両方に備え、パイプ役となる知日派・親日派の人材が平和のために戦略的に、また周到に育成・準備されなければならない。もし、日本のODA（政府開発援助）や留学生政策がこれまでのやり方に固執し、いつまでも途上国の発展に

「協力」し、「援助」するだけでは、そのようなリーダーは生まれないであろう。前章で従来の留学に関する理念型を修正したことの意味を、ここで改めて考えて欲しい。

　そうした高度な戦略の立案とその実現には何が必要だろうか。まず、悪い意味での省庁縦割りや縄張り意識による思考を排すべきである。例えば、文部科学省など教育関係者はこれまで以上に外交というマインドを持ち、他方、外交の専門家である職業外交官は、教育が国や国際社会に及ぼす影響を従来にも増して認識・評価することが必要だ。そして継続的に、外交と教育の双方に卓越した専門家を国家の大戦略として育成し続けなければならない。

　また、ここにおける「教育」とは何も留学に限らない。ソフトパワーの提唱者であるNye (2004) によれば、「奨学金、交換留学、研修、セミナー、会議、メディアに登場する機会の提供などによって、外国の主要な人物との永続的な関係を長い年月をかけて築いていくこと」が大事だと言う。

　さらにNyeは、留学に限らない「こうした交流を通じてアメリカで学んだ人たちのうち、その後に母国の首脳になった人が200人を超えており、テロとの戦いの同盟国の首脳のうち半分がかつて、これらの交流に参加している」と述べ、その例としてエジプトのサダト元大統領、西ドイツのシュミット元首相、英国のサッチャー元首相らを挙げる。彼らが米国の国益や世界の発展にどれほど貢献したかは、ここで改めて述べるまでもないであろう。筆者が提唱する教育外交の、最も望ましい帰結をそこに見ることが出来る。

　教育外交という大きな概念の導入には、開明的なリーダーの存在が不可欠であり、国としての明確な意思がなければ実現しない。前記のNyeが述べるように、「高等教育の費用は留学生の支払いで賄える場合もあるし、非営利団体が支援することもできるが、政府の助成金がなければ交流制度の多くは規模が縮小する」ため、教育（外交）への支援に対し

て政府としてのコミットメントを決断する強いリーダーが必要なのである。

　前章で紹介したように、途上国支援における教育と外交との関係の深さに着目し、新たな援助外交を推進したのは、アイゼンハワーとケネディという2人の大統領であった。途上国の発展という気の遠くなるような目標にコミットすることを決めた、彼らの卓越したリーダーシップを想起して欲しい。転換期にある現代の日本にも通じる真実ではないだろうか。

注

1　ワック・マガジンズ発行の雑誌『Will』2014年6月号の見出し。
2　小学館発行の雑誌『SAPIO』2014年5月号の見出しより。

参考文献

大西好宣（2012）「私の視点：教育外交のすすめ　国際ルール策定に関与を」『朝日新聞』9月1日付朝刊
川上高司（2014）「アメリカの『中東回帰』—— ピボットはアジアから中東へ⁉」『海外事情』2014年3月号、pp.2-19.
言論NPOウェブサイト http://www.genron-npo.net/press/2013/08/_test_npo-12.html
高橋和夫（2013）『イランとアメリカ　歴史から読む「愛と憎しみ」の構図』朝日新聞出版
日本学生支援機構（2018）「平成30年度外国人留学生在籍状況調査結果」等各年度版
吉村慎太郎（2011）『イラン現代史 —— 従属と抵抗の100年』有志舎
Institute of International Education（2019）Open Doors: Report on International Exchange 各年度版
Joseph S. Nye（2004）『ソフト・パワー21世紀国際政治を制する見えざる力』山岡洋一訳（2004）日本経済新聞社

┌─ コラム 5：エッセイ ─────────────────────

グローバルな大学とは：米コロンビア大学と教育外交

目的或いは結果としての留学生獲得

　教育外交には二つの側面がある。一つは、外交関係が良好な場合にはしばしば政府が主導的な立場を演じ、政策目的としての留学生獲得を粛々と進めていく傾向があるということ。二つ目はその逆に、外交関係が停滞している場合、教育機関である大学が政府にかわって主導的な役割を発揮できる、という可能性である。いずれの場合も、留学生の獲得はいわば「目的」である。

　しかしながら、留学生の獲得やその数の増加が単なる「結果」である場合もある。例えば、国の魅力、大学の魅力が増した時、そうした国や大学で学びたいと思う留学生は自然に増えるだろう。筆者はかつて、留学生獲得のための海外広報戦略のあり方を論じたことがある（大西、2015）。しかし、大学自体が大きな輝きを放っていれば、特別な広報をしなくても留学生は自然とそこに集まるだろう。横田ら（2006）は、大規模な調査によって日本の大学に国際化のためのビジョンや戦略がないことを明らかにしたが、たとえビジョンや戦略がなくても、極論を言えば、日本やそこにある大学が十分魅力的ならば、留学生は来るだろう。

　つまり、留学生をどのように獲得するかという戦略や戦術ばかりに捉われていては、教育・研究機関としての大学の重要な本質を見失う。そこで、以下では留学関連の話題から少し離れ、グローバル化時代に輝きを放つ大学とはどのような大学かという、より本質的な問題について考えてみたい。

　結論から先に言ってしまおう。グローバル化時代の大学に求められるのは、ある種の強固な覚悟ではないかと筆者は考える。大学としての信念に基づいた、これだけは絶対譲れないという矜持のようなものと考えても良い。以下に示すのは、その象徴的な事例である。

米国の大学と表現の自由

　ポスト9.11とも呼ばれた対テロ戦争の高揚感がまだ残っていた頃、米国とイランは核や人権の問題を巡って激しく対立していた。当時のイラン大統領アフマディネジャドは、反米的な色彩の濃い強権的なリーダーであった。

　2007年9月、そのアフマディネジャド大統領は国連総会に出席することを理由に珍しく米国の地を踏む。当然、米国や世界のメディアが彼の動向に注目したが、数多くの反対を押し切ってこの悪名高い大統領に公の場での発言の機会を与えたのは、米国有数の名門と言われるアイビーリーグの一校、コロンビア大学（ニューヨーク市）であった。

　「俺とお前は意見が違うが、お前が意見を言う自由は俺が命を賭けて守る」という民主主義及び自由主義社会の伝統を実践したのである。当日のCNN報道などによれば、イランの大統領が大学を訪れたその日、同大統領の受け入れにさえ反対する多くの学生や群衆が大学の周囲を取り囲み、一時騒然とした雰囲気となったという。

　コロンビア大学のおかげで、アフマディネジャド大統領はイランの立場について米国民に直接語りかける機会を得たものの、「イランの女性は世界最高レベルの自由を享受している」「イランにホモセクシャルはいない」など、人権問題に対する挑戦的な言辞を吐き続ける同大統領に対して、聴衆からは激しいブーイングが浴びせられた。

　また、同講演の実現を主導し、当日の司会まで務めたコロンビア大学第19代学長リー・ボリンジャーは、アフマディネジャド大統領の登壇に当たり彼を「独裁者」と侮蔑的に紹介した。つまり、同大統領の講演にあたっては、聴衆の反応も含め決して友好的な雰囲気が醸し出されたわけではない。それでも、同大が当該講演会の開催に踏み切ったのは、「自由」という米国のシンプルだが実現困難な国家理念を、大学という組織が主体的に体現しようとしたからであろう。

　筆者はここに大学としての矜持や覚悟を見る。同大はこの時、在学生や世界中の卒業生に向けて大学としての意図や目的を認めたメールニュースを一斉に配信している。大学の姿勢は世界に届いた。

　アフマディネジャド大統領が米国の大学で講演し、激しい拒否反応を受けたというニュースは、本国イランにも配信された。イランの若者には、米国の大学が持つ最重要の価値が十二分に伝わったのではないだろうか。おそらく偶然であろうが、この出来事のあった2007年あたりから米国へのイラン人留学生数の上昇カーブが急激になっているようにも見える[1]。仮にそうであったとすれば、その変化は米国がイランでの留学生獲得を「目的」に掲げ、そのための広報を展開したからではなく、コロンビア大学が示した自由主義社会の矜持に、イラン人の若者が賛意を示した結果に過ぎない。

　筆者はふと思う。仮に日本で同じような事態が起こった場合、大方の世論に反してでも、表現の自由を守るためにはリスクを恐れず、自ら正義を貫く大学が一つでも現れるだろうかと。毅然とした態度によって世界の、そして多くの若者から尊敬を集める、真にグローバルな大学や大学人が果たして登場するだろうかと。教育のグローバル化が際限なく進展する反面、過度に保守的な主張も同時に跋扈する矛盾に満ちた現代において、我々教育関係者にまず問われているのはそうした揺るがぬ覚悟ではないのかと。

　そして今、米国がかつて示していた寛容や自由の伝統に、残念ながら変化の兆しが現れている。その象徴は、2017年1月、第45代大統領に就任したドナルド・トランプ氏による施政である。特に、就任直後の大統領令によるイスラム教の国々（人々）を対象とした入国拒否騒動は世界を驚かせた。一部の州や政府機関は憲法違反だと訴えて反発しており、現在も予断を許さない状況が続いている。

　新大統領による対イスラム諸国への偏狭な外交方針は、中東地域から米国への留学を希望する有為な人材に対しても早晩影響を及ぼし始めるだろう。トランプ大統領自身、イランへの敵視を日に日に強めているとの報道も多い。

　教育のグローバル化を押しとどめようとするかのようなこうした流れに、米国における多くの大学人が声を上げ始めている。これまで世界をリードしてきた、米国の多様性や多層性が試されようとしている

現状に、我々日本の教育関係者とて無関心ではいられない。

注
1　第5章の図5-2参照。

参考文献

大西好宣（2015）「実験装置としてのグローバル30 ── 大阪大学インターナショナルカレッジにおける広報及び入試の経験から」『多文化社会と留学生交流』第19号、pp.43-56、大阪大学国際教育交流センター
横田雅弘・坪井健・白土悟・太田浩・工藤和宏（2006）『岐路に立つ日本の大学 ── 全国四年制大学の国際化と留学交流に関する調査報告』文部科学省科学研究費最終報告書

第Ⅲ部　海外留学の効果

第6章　短期留学の批判的考察

1　短期留学の定義

　わが国における外国人留学生の受け入れ（inbound）促進のため、1983年5月、当時の中曽根康弘首相によって提唱された、いわゆる「留学生10万人計画」は、丁度20年後の2003年にその目標が達成されるまで国内外で大きな影響力を持ち続けた。ところがその後、これまで見た通り、政策の舵は受け入れから、逆に日本人学生を海外へ送り出す（outbound）方向へと変化し、2010年以降は国際的な視野と教養を持つ日本人を指す「グローバル人材」という言葉が大きなブームとなった。

　この間、現実の日本人留学生数も量的には飛躍を遂げたが、その原動力となったのは数週間から数か月程度の（超）短期留学プログラムの伸長である（後述）。ここで言う短期留学について、政府は以下のように定義している。

　　「短期留学」とは、主として大学間交流協定に基づいて母国の大学に在籍しつつ、必ずしも学位取得を目的とせず、他国・地域の大学等における学習、異文化体験、語学の習得などを目的として、概ね1学年以内の1学期間又は複数学期、教育を受けて単位を修得し、または研究指導を受けるものです。（出典：外務省「Study in Japan」HP）

　本章では必要に応じてこうした短期留学の定義を援用し、その意義や

効果について、まずは各種の事実及びデータを参照し現状を踏まえた上で、留学支援政策の経済的合理性及びエビデンスに基づく高等教育研究（後述）という観点から主として批判的に考察する。留学の教育効果を計測したと謳う調査や文献はこれまでにもあるものの、そこで示された結果や方法論の科学的妥当性は必ずしも十分に顧みられていないと思われるからである。

2　エビデンスに基づく高等教育開発

　短期留学について直接触れる前に、本項ではまず、科学的エビデンス重視という近年の研究の潮流を紹介しておきたい。これは後の項において、(短期) 留学の教育的効果を調査したこれまでの先行研究を評価する上で、特に重要な視点となる。

　まず、佐藤 (2016) は 1970 年代以降、欧米で展開されて来た高等教育開発の実践において、近年はエビデンスが重要視されていると説く。その一例として、2015 年 6 月、カナダで開催された国際高等教育開発コンソーシアムにおいて、「エビデンスに基づく高等教育開発」が重要なテーマとなったほか、同様の会議が同年シンガポールでも開催されたりするなど、アジアにおいても同様の流れが生まれて来たことを報告している。佐藤によれば、こうした変化の源は医学と教育経済学の二つにあるという。医学分野では 1990 年代後半以降、エビデンスに基づく医療（Evidence-Based Medicine: EBM）が中心的な考え方となっており、ここで言うエビデンスは**表 6-1** に示されるような科学的信頼性によるレベル別分類となっている。

　さらに佐藤によれば、表にあるレベル la のメタ分析については高等教育開発に関してもなされて来たが、Chism et al.（2012）によれば多くが単なる満足度調査に過ぎないのが現状で、より科学的・客観的な手法を用いて、行動や思考の変容、学生や組織に与える影響について直接評価

表6-1　医療におけるエビデンスレベル

Level	内　容
1a	ランダム化比較試験のメタアナリシス
1b	少なくとも一つのランダム化比較試験
2a	ランダム割付を伴わない同時コントロールを伴うコホート研究
2b	ランダム割付を伴わない過去のコントロールを伴うコホート研究
3	ケース・コントロール研究（後ろ向き研究）
4	処置前後の比較などの前後比較，対照群を伴わない研究
5	症例報告、ケースシリーズ
6	専門家個人の意見（専門家委員会報告を含む）

注：1aが最も高く6が最も低い。表は一部省略。
出典：(財) 国際医学情報センター（2005）HP。

した研究は世界的に見ても少ないという。同様の文脈で、わが国では教育政策の根拠として必ずしもエビデンスが明示されない現状を憂うのは、教育経済学者の中室（2015）である。彼女の批判は次のようにわかりやすく、それでいて強烈である。

　　経済学者は「子どもの目がキラキラするようになった」とか「学校が活気にあふれている」などといった、人によって見方が変わってしまう主観的な表現で「教育に効果があった」といったりしません。また、自治体や政府の報告書の中にやたらと登場するような、「満足しましたか」と子ども自身に聞いたアンケート調査の集計を「エビデンス」と呼ぶこともありません。

3　短期留学プログラムに関する先行研究と批判的考察

(1)　短期留学を選ぶ理由と企業の評価

　本項では、本稿の主要なテーマである短期留学について考察するため、それに関連する先行研究について順を追って紹介して行きたい。

　まずは議論の前提として、学生たちが何故短期の留学を選ぶのか、そ

の背景や理由について短く触れておこう。北海道大学や名古屋大学など
が加盟する 8 大学工学教育プログラム（2009）が実施した学生へのアン
ケート調査によれば、留学を阻害する要因の第1位は「渡航費や滞在費」
の 86％である。第 7 位には「卒業が遅れる」(57％、複数回答) がランクイ
ンしており、学生にとってはこの両方のリスクが避けられる望ましい、
もしくは現実的な選択肢として、短期留学に注目が集まっているものと
思われる。実際、同調査では「関心のある留学形式」という質問に対し
て、29％の学生が3か月以内の語学留学を、25％の学生が1年以内の語学
留学を、14％の学生が 1 年以内の交換留学を選んでおり、以上を合計す
れば結局のところ1年以内の留学を選んだ者が全体の7割近くを占めてい
る（サンプル数9,928人）。

　こうした短期留学を、それなりの苦労の末、実際に終えたその成果に
ついて、留学を果たした本人や留学プログラムを催行した大学が共にプ
ラスに評価する研究結果は多い（後述）。他方、それ以外の第三者がよ
り中立的・客観的な立場から、一般的な短期留学についてどのように評
価しているかを知ることの出来る報告は意外に少ない。ここではその数
少ない事例として、学生を採用し社会人として育成する企業が、学生に
よるそうした短期留学をどのように評価しているかについて見て行こう。

　筆者はかつて、一部上場企業87社の人事担当者へのアンケート調査に
よって、学生の短期語学留学をどの程度評価するかについて調査した経
験がある（大西、2007）。「大いに評価」に 3 点、「少しは評価」に 2 点、「余
り評価せず」に 1 点、「全く評価せず」に 0 点を与えて各社の平均を算出
したところ、欧米への短期語学留学については1.96点、アジアへのそれ
には2.14点という結果となり、両者ともある程度の評価を得ていること
が明らかとなった。

　但し、欧米への留学経験者のみを採用すると回答した一部の企業に限
れば、短期の語学留学くらいでは「余り評価せず」「全く評価せず」とい
う否定的な回答が 4 割を超えた。少しくらい英語をかじって来たくらい

では駄目だという企業の本音が透けて見える。

　実際、それ以降も多くの企業はわずか数週間程度の短期留学は殆ど評価しない。例えば2013年、経済界及び多くの企業[1]が文科省と共同で始めた鳴り物入りの海外留学支援事業「トビタテ！留学JAPAN」では、支援の対象とする留学期間について「28日から2年」と定めているものの、3か月以上を推奨とも明確に述べており、本章の最初の頁で触れた外務省による短期留学の定義「1学期間または複数学期」以下の期間を提示した応募者は余程のことがない限り奨学生として採用されないことを暗に匂わせている。

　また、日本経済団体連合会では「トビタテ！留学JAPAN」などで留学した学生を念頭に、留学経験者のみを対象とする特別な採用説明会、「経団連グローバルキャリアミーティング」[2]を毎年実施している。この説明会への参加要件は、8か月以上の留学経験を持つ学生に限られており、この点で企業がどのあたりからを実質的な留学として評価するのか、その本音を知ることが出来て大変興味深い。

(2)　問題点１：一人歩きする数値目標

　次に、前項で紹介したoutboundに関する政府の数値目標について、それが各個別大学の数値目標へと具体的に落とし込まれ、結果としてそれらが一人歩きする現状を見て行きたい。**表6-2**は2014年度から政府によって開始された「スーパーグローバル大学創成支援（SGU）」事業において、タイプA（トップ型）に採択された13大学が、同事業の構想調書に自ら記載したoutboundの目標数値である。いずれも2013年時点の実数を起点とした10年後の到達目標数値であり、参考数値として両者の比率（倍率）を大学ごとに計算してみた。

　同事業におけるタイプAは、いずれも世界大学ランキングでトップ100を目指す力があるとされた大学群であり、当然のことながら元々グローバル人材の育成に関して比較的熱心な大学が多い。それらの大学が

表6-2　SGU事業タイプA（トップ型）採択大学が掲げた留学数値目標

大学名	2013年実数	2023年目標	比率（倍）
北海道大	391	1,700	4.35
東北大	220	1,300	5.91
筑波大	443	2,000	4.51
東京大	427	2,700	6.32
東京医歯大	154	241	1.56
東京工業大	132	1,000	7.58
名古屋大	220	1,200	5.45
京都大	177	440	2.49
大阪大	477	1,002	2.10
広島大	392	1,452	3.70
九州大	307	2,000	6.51
慶應義塾大	814	4,900	6.02
早稲田大	2,475	7,607	3.07
合　計	6,629	27,542	4.15

出典：日本学術振興会HP該当頁に掲載の各大学構想調書より筆者作成。

今回示した数値目標は、大学によって差があるものの、平均で10年間に4.15倍という野心的なものである。中には6倍を超える大学が4校、さらにその中に7倍を超える大学が1校ある。

　2023年にこれら13の大学全てが想定通りその目標を達成すれば、当該年度だけで合計3万人弱の（日本人）学生が海外留学を経験することになる。2013年に発表された政府による『日本再興戦略』では、2020年までに12万人の日本人学生を海外へ留学させようとしていることを第3章の最後に紹介したが、目標年度こそ異なるものの、わずか13の大学でその4分の1に迫る数値目標を背負っている計算になる。前段で野心的と述べたのは、まさにそうした点を指している。

　幸い、次の**表6-3**で見る通り、国全体としてのoutboundの留学生数は2016年度時点まで順調に増加している。但し、筆者はかつてそうした好調ぶりの要因は主として短期留学の伸長であることを指摘した（大西、2018）。中でも1か月未満という超短期の留学が果たしている役割が特に

表6-3 留学生数（outbound）の年度別推移

年　度	留学生数	うち1か月未満	対全体割合
2009	36,302	16,873	46.5%
2010	42,320	20,787	49.1%
2011	53,991	28,920	53.6%
2012	65,373	37,198	56.9%
2013	69,869	40,527	58.0%
2014	81,219	48,853	60.1%
2015	84,456	51,266	60.7%
2016	96,641	60,145	62.2%

出典：大西（2018）p.14。

大きく、2009年時点では全体に占める割合が5割に満たなかったにも関わらず、2016年には6割を超える多数派となっている。2009年から2016年まで、留学生全体は2.66倍に増えているが、1か月未満の留学生数は3.56倍とより急激な伸びを示しており、増加とはいえこの点で些かいびつな現象となっている。

　考えてみれば、1か月未満の超短期留学は、本章の初めに触れた「1学期間または複数学期」という政府による短期留学の定義には含まれないはずである。そうした矛盾を度外視してでも、ただ闇雲に「2023年までに12万人」という政府目標[3]を達成すべく突き進む空気がもしあるとすれば、そしてそれに各大学が追随するという現状があるならば、そこには大きな問題があると言わざるを得ない。

　言うまでもなく、海外留学はグローバル人材を育成するという目的のための一手段に過ぎず、大学同士が競い合うようにしてまでoutboundの留学生数をなりふり構わず増やさなければならないというものでは本来ないはずである。この点、まさに数字が一人歩きしているという印象であり、それが本章で指摘したい短期留学を巡る問題点の一つ目である。

(3)　問題点２：教育効果に関するエビデンスの欠如

　短期留学を巡る問題点の二つ目は、その教育効果に関する科学的な証明、つまりエビデンスが著しく欠けていることである。高等教育全般に関わる世界的な情勢について、エビデンスを伴う研究が不足していることについては既に前項の最後で述べた。表 6-1 で事例として紹介した医療と、本稿が主として扱う教育経済学とでは分野間の隔たりが大きいと思われるかもしれないが、対照群を設定したり、イベントの前後を比較したりすることを重視する基本的な考え方は同じである。

　そして、エビデンスを伴う研究の不足という傾向は日本においても、そして短期留学という限られた問題についても残念ながら当てはまる。例えば工藤 (2011) は、「短期海外研修プログラムについては、教育的効果、すなわち教育活動としての研修の効果に焦点を当てた膨大な評価事例がある」と断りつつ、「ほとんどの先行研究は教育的効果を一面的または部分的にとらえて」いると喝破する。

　さらに、工藤の言う「膨大な評価事例がある」という肯定的な見方についても、実はある種の留保が必要であることを筆者はここで指摘しておきたい。例えば、学生の海外留学をある種のイベントと捉えるならば、その評価はイベントの実施前と実施後の比較をすることでしか得られないはずであるが、わが国における短期留学の「膨大な評価事例」には、帰国後初めて学生に実施したアンケート調査のみをもって留学の評価だと謳ったものが残念ながら数え切れないほどある。

　その際たるものは、学生支援機構 (JASSO) が 2011 年及び 2012 年の短期留学経験者に対して実施した全国規模のアンケート調査である。全ての質問は学生が帰国した後になされているので、その回答が短期留学を経て変化したものなのかどうか、アンケート結果だけでは本来正確にはわからないはずだが、それらの回答結果は野水・新田 (2014) らが中心となって、さも短期留学が多くの果実をもたらしたかのような分析・報

告をしている。

　試みに、当該調査における短期留学に関する質問の例を挙げよう。JASSO による調査では「本制度17による留学を経て、より長期の留学をしたいか」という質問に対して、約 8 割の短期留学経験者が「非常に思う」「思う」と回答している。これをもって、多くの人は、短期留学はより長期の留学につながる正の効果があると解釈しがちである。JASSO は短期留学のための奨学金を大規模に支給する文科省の外郭団体であり、論文を執筆した野水は留学生教育学会の会長を務めた専門家であるから、その影響力は大きい。例えば、東京外大の学生による短期留学プログラムを評価した新居・岡田（2017）も同論文を引用し、短期留学の効果を所与の事実として論を進める。

　しかし、考えてみれば、この 8 割の中には、短期留学をする前から既に長期の留学を念頭に置いていた人たちがいるかもしれない。この 8 割の回答者のうち、一体どの程度が短期留学経験のみによって長期留学への新たな関心が形成されたのか、この調査結果だけでは正確なところはわからない。もっと言えば、短期留学ではなく、同じ期間海外へ単に旅行していた学生ですら、海外で暮らすことを夢見るようになることで、将来、中長期の留学を志す者がいるかもしれない。何を隠そう、筆者自身がその見本である。

　さらには、単に関心を寄せるだけでなく、その後実際に長期留学を果たす者が何割いるのかについては、気の長い追跡調査が必要で、短期留学の効果を論じるならば、本来そこまで目を配らなければならないはずである。欧米の豊富な事例を調べた芦沢ら（2014）が指摘するように、「留学直後だけに実施するアンケートでは、留学の効果を十分に分析することは困難」なのである。

　野水・新田（2014）が大真面目に論じたこの JASSO による調査には、もう一つの重大な問題がある。それは、当該調査が留学の直接的な効果を測定したものではなく、あくまでも回答者の主観に基づくアンケート

調査であるがゆえに、表 6-1 が示すエビデンスとしての価値を殆ど持たないという点である。例えば、「英語が上達した」というのと「英語が上達したと思う」というのとでは、質問の内容も得られる結果も相当違う。「思う」のであれば回答者の主観で事足りるものの、時間的・経済的リソースを費やした行為に自ら肯定的な評価を下したいのは人情であり、そこには当然ながらバイアスが作用することを研究者なら当たり前に想定すべきである。

　他方、実際に「上達した」ことを証明するには何らかの客観的な指標が必要であり、それこそがまさに教育効果と呼べるものであろう。先に紹介した教育経済学者の中室 (2015) が指摘するように、厳格な学術の世界において「『満足しましたか』と子ども自身に聞いたアンケート調査の集計を「エビデンス」と呼ぶこと」は決してないのである。困ったことに、工藤の言う「膨大な評価事例」には、上の JASSO による調査以外にも、エビデンスと呼ぶには大いに躊躇する研究が極めて多く含まれている。ここではそのほんの一部を紹介しよう。例えば、小林 (2017) による短期留学の外国語学習への効果を調べた研究は、統計的手法を駆使した労作ではあるものの、結局は英語力が向上したと「思うか」どうかを回答者に尋ねている点で、エビデンスとしての科学的な信頼度は低いと断ぜざるを得ない。また、小西 (2017) による短期留学と自己効力感の関連を調べた研究は、自ら学生たちに同行し、修正版グラウンデッド・セオリー・アプローチに則って、学生たちの意識がどのように変化して行くのかについて滞在先でインタビューを重ねたユニークな視点の研究である。けれどこれとても、エビデンスとしては比較的低いレベル 5 の「症例報告」に分類すべきものであろう。

(4)　問題点 3：経済的合理性の証明の欠如

　短期留学を巡る三つ目の問題点は、それに関連する政府の支援事業が経済的合理性を無視して実施されていることである。前項で述べたよう

に、短期留学の教育効果は少なくとも科学的な形ではこれまで十分に証明されていない。それにも関わらず、政策目標の実現のために今や政府と大学とが一体となって、学生の短期海外留学を支援するために多くの税金が闇雲に投入され続けている。

　実は、こうした状況に対し過去に一度、公の場で疑義が唱えられたことがある。2012年、短期留学を促進するための「留学生交流支援制度」事業が文科省による行政事業レビューの対象となったのである。結果は、外部の識者らによって、同事業がカバーしていた短期派遣など5領域全てに抜本的改善が求められるという厳しいものであった。

　前項で紹介したJASSOによる調査はこうした背景を受けて急遽実施されたものである。そして、既に紹介した野水らによる、学術的には価値を持たない満足度調査ベースの擬似的な「分析」によって、政府による短期留学支援事業に再びお墨付きが与えられ、幾つかの領域を統合する形で、また事業名も「留学生交流支援制度」から「海外留学支援制度」へと変えて2019年現在も本質的な変化を伴わないままに継続実施されている。JASSOの統計によれば、2017年度は全国の大学から2,226件の応募があり、そのうち1,162件もの留学プログラムが採択されている（うち受け入れのみが187件）[4]。

　しかしそもそも、教育効果が正確に測定されていないのだから、前記の工藤が指摘するように「研修の教育的効果を高めるための方法」も「必ずしも十分に検討され」ないし、現実的にどのような教育的効果に対してどの程度の費用をかけるのが望ましいのか、誰にも判然としない。ましてや、それを税という公的な資金で支援することが果たして妥当なのか否か、もし支援するとすればどの程度なのか、多くの資金が投入されている国公立大学の学生と、そうではない私立大学の学生とを等しく扱って良いのかどうかなど、誰も正確に判断出来ない。

　例えば、先に紹介した「海外留学支援制度」は、現在のわが国では最も大規模な公的（短期）海外留学支援事業である。この制度では2019年

現在、先進国を中心とした甲地域が 8 万円、途上国を中心とした乙地域が 7 万円などと支援額（要は奨学金）こそ区別はされているものの、それらの金額が期待される教育的効果に対して果たしてどの程度見合ったものなのか、おそらく誰も論理的に説明出来ない。

　さらに決定的なのは、既に紹介した JASSO による調査において、JASSO による奨学金で短期派遣を果たした学生に、「本制度の奨学金がなくても留学したか」と尋ねたところ、実に 8 割近い学生が「留学した」と回答している事実である。政府による当該奨学金事業の存在意義を考える上で、この事実は大変重い。こうした点で、2012 年の文科省による行政事業レビューで課題となった、目的と成果に相応しい経済的合理性についての議論は未解決のままである。エビデンスに基づくことが大切なのは、何も高等教育研究だけではない。近年は政策の立案と実施、その評価においてもエビデンスに基づくことが強く要請されている[5]。

4　結論に代えて：今後の課題と提言

　これまで縷々述べて来たように、前項で指摘した三つの問題点は、それぞれ相互に関連していることが明らかである。しかしおそらく、その中で最初に解決されなければならない課題は、より科学的な見地と方法論による正確な教育効果の測定であり、エビデンスとしての価値ある研究の蓄積であろう。それを前提として初めてある程度の経済的合理性が明らかとなるし、さらにはそこから留学関連の予算額やそれに伴う目標数値が算出されるからである。それゆえ、より科学的な教育効果の測定という最重要の責務を負う学界の使命は大きい。

　それにはまず、留学の教育的効果を測定する個々の研究者自身が、方法論を間違えれば、調査・研究の労力に見合った学術的成果は得られないという当たり前の事実を知る必要がある。何度も強調するが、中室 (2015) の言う「『満足しましたか』と子ども自身に聞いたアンケート調

査」自体にそもそも学術的な価値がない以上、それを如何に加工し、多くの時間を費やして統計分析を試みても、その結果には費やした時間に相応しい学術的な信頼度や価値は伴わない。

　次に、研究者は須らく表6-1のエビデンスレベルを常に念頭に置くことである。そうしたレベルを意識するだけで、従来の研究が一挙により高次の学術的価値を持つようになる可能性がある。例えば3 (3) で紹介した小林 (2017) の研究では、3週間の英語研修を受けたグループ1に対して、4か月以上の英語研修を受けたグループ2という対象群がきちんと設定されており、それぞれについて留学前の英語テストスコアが計測されている。それにも関わらず、留学後の英語スコアを測定していないばかりに、対称群を伴った（客観的データの）前後比較を意味するエビデンスレベル3「ケース・コントロール研究」に到達していない。最後に画竜点睛を欠いたこの種の研究は実に惜しい。

　さらには、教育効果を客観的に測定するための方法論が今以上に追及されなければならない。研究者が幾らエビデンスレベルを意識したとしても、客観的な教育効果が現実に測定不可能ならば、学術研究自体が成立しない。この点、語学力に限ればそれが留学によって向上したか否かの測定は比較的容易である。TOEFLやTOEIC、並びに各種の語学検定試験があり、留学前後において比較的客観的な測定が出来るからである。

　問題は教育効果に関する、語学力以外の要素を測定する方法や指標である。その前に、要素それ自体の抽出にも気を配らねばならない。この点で参考になるのは、欧米の研究事例を詳しく調査した芦沢ら (2014) による研究である。同研究では、Eポートフォリオやルーブリックと並んで、異文化適応テストの一つであるThe Intercultural Development Inventory (IDI) の重要性を指摘し、海外では学生の留学前後に実施して、留学の効果測定に利用されることが多いこと、また実際にわが国の東洋大学などで使用した事例を報告している。IDIも詰まるところ自己診断によるものだが、それを繰り返し定期的に受け、結果をEポートフォリ

オに記入し、他大学・学生との比較や学生自身へのフィードバックを一連のサイクルとして行うことで、単なる一過性の満足度調査以上の、より客観的な指標としての意味を持たせようとしているのだと思われる。

　実は類似のテストは日本でも既に開発されている。民間の留学コンサルタントが加盟する一般社団法人・海外留学協議会（JAOS）によるJAOS留学アセスメントテストがそれで、同会の理事・事務局長の星野達彦氏によれば、2017年の開発後、一橋大学、早稲田大学、東北大学、昭和女子大学などで既に導入されているとのことである。

　同テストのパンフレットによれば、このテストは学生の1) 行動特性の変化、2) コミュニケーション力・問題解決力の変化、3) Global Mind & Global Behaviorの変化、という三つの項目を留学前後で比較し、留学成果を可視化することによって、学生の将来の成長に繋げようという狙いがある。さらに、これら三つの項目には幾つかの小項目が設けられ、例えば、2) コミュニケーション力・問題解決力の変化では、「傾聴：相手の言葉を遮らず批判しないで聞き取る力」「主張：自分の感情や考えを明瞭に相手に伝える力」など12の小項目が設定され、留学前後のスコアが比較される。

　最近、新見ら（2018）のチームがこのテストを利用し、1か月程度の短期留学[6]の効果を測定した注目すべき事例が紹介された。ある一つの大学の学生44人分のデータに過ぎないという意味では未だ小規模な試みではあるものの、今後多くの研究者が同様の努力を継続的に積み重ねて行くことによって、真の「膨大な評価事例」へと繋がって行くものと期待される。

　JAOS留学アセスメントテストが扱う項目は、留学後に評価されるスキルであると同時に、留学で獲得することが期待されているコアなスキルだと捉えることも出来る。学生たちが留学前に予めそうした事実を知り、留学中にそれを意識しながら学ぶことの価値は、そうでない場合に比べて大きいのではないだろうか。因みに、多くの学生が利用する

JASSO・海外留学支援制度（協定派遣）では、留学によって学生がどのような成果を挙げることを期待しているのか、奨学金を支給する側のJASSOは何も述べていない[7]。

　かつて、海外向けの論考で筆者が指摘したように、もともと日本人の海外留学についてはinbound中心だった大学よりもoutboundを主たる業務としていた民間留学エージェントが先行しており、より多くの知見が蓄積されている（Onishi, 2017）。先に紹介した新見の研究チームもこの点を強く意識しており、他の研究者もそうした事例や経験に学ぶべきである。同時に、JAOS留学アセスメントテストは心理学・行動科学の側面からよく考えられたものとはいえ、所詮はIDIと同じく回答者自身の主観によるものなので、芦沢らが指摘するように繰り返し定期的に受け、その変化を記録、他と比較し、さらにフィードバックするというサイクルが何よりも重要である。その点を改めて強調しておきたい。

注

1　2019年2月時点で236社・団体（http://www.mext.go.jp/a_menu/kokusai/tobitate/icsFiles/afieldfile/2019/02/20/1349267_1_1.pdf）
2　http://www.shinshu-u.ac.jp/institution/gec/cheer/news/2016/06/711.php
3　公的な文書では「目標」ではなく「指標」と呼称。
4　JASSOによるHPの当該部分より。
5　Evidence-based Policy Making（EBPM）として知られる。
6　これも外務省の定義では短期留学とは呼べない。
7　2019年時点。

参考文献

芦沢真五et.al.（2014）『国際教育プログラムの質保証と学習成果分析』文部科学省・科学研究費助成事業研究成果報告書
大西好宣（2007）「企業が評価する日本人のアジア留学：欧米留学との比較から」『留学生教育』第12号、pp.9-23.、留学生教育学会
大西好宣（2018）「グローバル人材と留学 —— 学生を海外に派遣するその前に」『留学交流』Vol.89、pp.11-22.、日本学生支援機構

工藤和宏（2011）「短期海外研修プログラムの教育的効果とは —— 再考と提言」『留学交流』Vol.9、pp.1-10.、日本学生支援機構

小西由樹子（2017）「短期留学を通じた自己効力感の向上」『早稲田国際経営研究』No.48、pp.17-26.、早稲田大学WBS研究センター

小林千穂（2017）「短期留学の外国語学習モチベーションへの効果」『天理大学学報』第68巻第2号、pp.1-19.、天理大学

佐藤浩章（2016）「エビデンスに基づく高等教育開発」『大学教育学会誌』第38巻第2号、pp.28-31.、大学教育学会

中室牧子（2015）『「学力」の経済学』ディスカヴァー・トゥエンティワン

新居純子・岡田昭人（2017）「短期海外留学プログラムの評価と長期留学希望の関連性 —— 東京外国語大学のショートビジットを事例として」『広島大学国際センター紀要』第7号、pp.37-45.、広島大学

新見有紀子・阿部仁・星洋（2018）「短期語学留学経験と4つの『グローバル力』 —— 留学前後の行動特性の変化に基づく考察」『留学生交流・指導研究』Vol.21、pp.7-20.、国立大学留学生指導研究協議会

野水勉・新田功（2014）「短期海外研修プログラムの教育的効果とは —— 再考と提言」『留学交流』Vol.40、pp.20-39.、日本学生支援機構

8大学工学教育プログラム（2009）『日本人学生の留学に関する意識調査』

Chism, N.V.N., Holley, M., & Harris, C.（2012）. Researching the Impact of Faculty Development: Basis for Informed Practice. *To improve the academy*, 29, 129-145.

Yoshinobu Onishi（2017）. Academic Advisors and Study Abroad Counselors in Japan: Implementing a New Forum for Both to Learn from Each Other. *Academic Advising Today*, December Edition, National Academic Advising Association（NACADA）

┌─────────────┐
│ コラム6：エッセイ │
└─────────────┘

衆院選当選議員に見る海外留学地図

　2017年の衆議院選挙が終わった。強者どもが夢の跡、では困るのだけれど、この時期、必ずと言って良いほど出てくるのが、当選議員の出身大学に関する報道である。やれ東大卒が多いとか、早慶ばかりだとかいうアレである。組閣後になると報道はさらに加熱する。安倍首相の出身大学が全国区でないこともあって、近年は少々沈静化した面があるものの、首相が東大卒だったり慶應卒だったりした時のマスコミの騒ぎようは一種の風物詩でもある。

　さて、本稿で紹介したいのは政界の新たな二大学閥の話である。と言っても、東大 vs 京大とか、早稲田 vs 慶應といった国内向けのチンケでありきたりな話ではない。時代はもはやグローバルなのである。これまでとは違って、目を外に向けてみよう。それは、当選議員たちの留学先、つまり海外の大学だ。

　今回の当選者465名の中で、最終学歴として外国の大学名を表記している議員、つまり海外留学歴のあるセンセイたちは、投票日翌日の新聞で確認した限り計40名いる。そのうち最も多い留学先はアメリカで32名、以下イギリス5名、カナダ2名、フランス1名と続く。現実の同盟関係を想起すれば、これは大方の想定内であろう。

　次に、個別の大学を見てみよう。最も多いのはハーバード大学の11名。この大学だけでアメリカ留学組全体の実に3分の1を占めている。秘書への暴行・暴言疑惑がもとで落選した某女史が当選していれば、さらにもう1人増えていたはずだ。

　ハーバード大学については今更説明の必要もないだろう。学術都市ボストンの近郊に位置し、創立はアメリカ独立前の1636年。同国最古の名門大学として世界中にその名を知られ、Times Higher Education による世界大学ランキングでも、近年こそ少々順位を落としているものの、当初の数年間は世界第1位として君臨した。

　留学組の顔ぶれも豪華だ。上川陽子・法務大臣[1]、茂木敏充・内閣府

特命担当大臣（経済財政政策担当）、齋藤健・農林水産大臣といった3名の現役閣僚のほか、塩崎恭久・元厚生労働大臣など、実に錚々たる顔ぶれである。参議院議員なので今回の選挙とは関係ないものの、同じ閣僚の中には林芳正・文部科学大臣もいる。いずれも自民党の中では政策通として知られる議員たちである。

　さて、そのハーバード大学に対抗するのはどこであろうか。同大にとっての永遠のライバル、イェール大学であろうか。はたまた、西のハーバードとも称される名門スタンフォード大学であろうか。いや、答えはハーバードと同じアイビーリーグの一校コロンビア大学である。今回当選した議員のうち、7名が同大を卒業している。最終学歴は博士号を取得したニューヨーク大学と表記しているものの、修士課程をコロンビア大学で過ごした佐藤ゆかり・元経済産業大臣政務官や、卒業はしていないものの同大への留学経験がある古川元久・元内閣府特命担当大臣（経済財政政策・科学技術政策担当）を含めれば計9名となり、ハーバード留学組とほぼ拮抗する人数である。

　コロンビア大学の創立はハーバードより約100年遅い1754年で、アメリカでは5番目に古い大学として知られる。ヨーロッパではその2年後に大作曲家モーツァルトが生まれているが、アメリカはまだ独立前である。キャンパスは同国における経済の中心地ニューヨーク・マンハッタンにあり、ノーベル賞受賞者を世界で最も多く輩出したことでも知られる。我が国初のノーベル賞授賞者である湯川秀樹博士も、実はこの大学で研究生活を送っていたことがある。

　第2位のコロンビア大学に次いで多いのは、河野太郎・外務大臣らが留学したジョージタウン大学の2名、そして同じくアメリカのジョンズ・ホプキンス大にも2名が留学している。つまり、今回の当選議員に限れば、ハーバード及びコロンビア両大学への留学組だけが数の上では突出しているのである。本稿の最初に「二大学閥」と書いたのはそのためだ。

　実はこれは政治家に限った話ではなく、一般の日本人の間でも両大学は留学先として人気が高い。それは、この二つの大学が共にアメリ

カにおける戦時中の日本研究を中心的に担ったという歴史的な役割が関係している。それゆえ両大学とも日本との絆が強く、ハーバード大学の日本研究は今もかつての駐日大使の名を冠したエドウィン・O・ライシャワー日本研究所が、そしてコロンビア大学のそれは著名な作家の名を冠したドナルド・キーン日本文化研究所が継続し、今に至っている。

　さて、政治家の話に戻ろう。コロンビア大学への留学経験を持つ当選議員の顔ぶれがハーバードのそれと少し異なるのは、いわゆる二世・三世の比較的若い議員が目につくということだろう。ハーバード留学組のような現役の閣僚クラスではないものの、今後を大いに嘱望される若手のホープたち、と言い換えても良い。

　その筆頭は小泉純一郎・元首相を父に持つ小泉進次郎議員であろう。今回の衆院選でも各地の応援演説に引っ張りだこだった。コロンビア大学への留学組としては、ほかにも中曽根康弘・元首相を祖父に持つ中曽根康隆議員、加藤紘一・元自民党幹事長を父に持つ加藤鮎子議員らがいる。いずれも今後、党内外で重要な役割を担う可能性が極めて高い。ハーバード大留学組との水面下での熾烈な出世競争が大いに見ものである。(2017年衆院選直後に執筆し、ネットの言論プラットフォーム・アゴラ及びYahooニュース双方に掲載)

注
1　肩書きはいずれも当時

第7章　グローバル教育と短期留学

1　旅行型短期留学プログラムの罠

　前章では、(超) 短期留学プログラムによる海外留学が、量的な意味で現在の日本では多数派になっていること、しかしながらその質や教育的効果については現時点で必ずしも明らかとなっていないこと、の二つの事実を指摘した。

　本章では、そうした短期留学プログラムの具体的な内容について、批判的に再検討してみよう。よく知られているように、短期留学プログラムの原型はかつて語学研修と称されていたタイプのものである。最近では語学の習得に加え、異文化体験も同時に味わえると謳うものが多い。例えば行き先がハワイなら、語学が英語、異文化体験がフラダンスである。短期間でこの二つが本当に身につくなら、誠に結構なことだ。

　しかし、中には英語教育の第一人者による、次のような笑えない経験談もある。こうした事例は果たして少数の例外なのだろうか。

　　私がかつて大学生を引率したことのあるカナダの大学の語学研修では、トイレットペーパーを使ってのウエディングドレス作りに一時間以上を費やし、「授業ではもう少し大学生らしい英語を教えて欲しい」と講師に注文をつけたことがあります。午後は「異文化体験」となっているので何をするのかと同行したら、「ピザのトッピングを体験する」というプログラムで、これなら日本でもできると思いましたが、

学生たちは海外にやってきたことが楽しそうで文句は出ませんでした。

（出典：鳥飼 2016）

　ごく短い間だけ異国を訪れ、無機的な空間で初歩の外国語（多くは英語）を学び、旅行と区別がつかないほどの「異文化との触れ合い」を提供する。現行の多くの留学プログラムでは、そうしたことが関の山になっていないだろうか。

　こうした旅行型短期留学プログラム或いは語学研修に代表される、比較的安直とも思える活動と、グローバル人材の育成という高邁なプロジェクト目標には、残念ながら大きな乖離が存在している可能性がある。そのことは誰も否定出来ないであろう。

2　ミスマッチをなくすための基本

　こうした乖離、すなわち目的と活動とのミスマッチをなくすためのヒントは、先に紹介した鳥飼の事例の中に既に書かれている。「これなら日本でもできる」という一文だ。グローバル教育は何も海外でのみ可能なわけではない。

　つまり必要なのは、国内でも実施出来ることと、海外へ留学しなければ実現困難なこととの可能な限り明確な線引きではないだろうか。例えば、第 1 章で紹介したグローバル人材の定義にある「日本人としてのアイデンティティー」などは、むしろそれを学習するためのリソースやインフラの整った日本国内で学んだ方が良いのではないかと思えたりもする。

　同じく第1章で見たグローバル人材に必要な要素Ⅰの語学力さえ、初歩から中級程度の文法やライティング、リスニング等は国内の自大学でも専門のセンター等において重点的・効率的、しかもより安価に学ぶことは十分可能であろう。さらに学生の側からだけでなく、しばしば彼らを海外へ引率する役割を負う教職員側の事情からしても、ヒト・モノ・カ

ネ・時間といった限りある学内資源を合目的的かつ効率的に運用出来るという点で、国内事項と留学目的とを今以上に切り分けることの正当性と理由がある。

3　国内事項と留学目的の切り分け方：筆者の実践

国内でも実施出来ることと、海外へ留学しなければ実現困難なこととの線引きについて、以下に筆者の知る具体例を示したい。

(1)　国内 1：模擬国連の勧め

グローバル人材として欠かせないのが、語学を含む広義のコミュニケーション能力である。筆者自身はこの 10 年余り、日本語によるディベートや交渉、プレゼンテーションについての授業を大学及び大学院において講じて来た。その経験から導き出される結論は、国内でトレーニング出来ることは数多くあるということだ。

そもそも日本人学生にとって、母語である日本語で言えないことが英語で発信出来るはずもない。日本語で口頭発表することさえ恥ずかしくて逡巡する学生が、英語で堂々と自説を展開出来るはずはないのである。まずは母語である日本語でしっかりとコミュニケーション出来るよう、わが国の教育関係者は知恵を絞るべきだと感じる。

中でもディベートはもともと日本にないもので、その重要性を説く政治家や経済界のリーダー、教育関係者が海外経験者を中心に増えて来たのはごく最近のことだ。その一方、今でさえディベートは「鷺を烏と言いくるめる技術」という司馬（1989）のような誤解も多い。何より、ディベートとディスカッションとの違いが何か、具体的に説明出来る人が高校や大学の教員に何割いるだろう。

幸い、10年前に比べれば、筆者の実施しているような表現系の授業が少しは充実して来たのではないかという実感はあるものの、学生の関心

やニーズの大きさに比べれば現状はまだまだ心許ない。こうした分野の授業について、その質や量の充実はもっと追求されて良いはずだ。

　他方、学生の関心やニーズという点で、筆者自身が逆に彼らから学んだこともある。例えば模擬国連はその最たるものである。以前、筆者が勤務していた大学で、毎年のように異なる学生数人から授業で是非とも模擬国連を取り入れてほしいとの要求を受けたことがある。同様の要求を現在の勤務校でも学生から受けるに及び、ようやく重い腰を上げたのは2017年のことである。前任校での度重なる学生からの要求に、結果として応えられなかったことは一教員として大いに反省し、恥じている。他の多くの教員が同様でないことを祈るばかりだ。

　模擬国連は、国連総会をはじめとする国際会議のシミュレーションを通じて、討論や交渉といった外交の過程を実践的に学ぶことを目的に、国連がまだ国際「連盟」であった1923年、米ハーバード大学において産声をあげた。模擬国連では、学生は自らの国籍に関わらず、ある一国の大使として会議に出席し、その国を代表して政策上の主張を行い他国との交渉をまとめることが期待されている。

　大使という役割を演じることは、主体性・積極性、責任感・使命感、異文化に対する理解など、グローバル人材に必要な多くの能力を養うことにつながる。ディベートに加え公式・非公式の交渉スキルも要求されるという点で、およそ対人コミュニケーションの総合芸術的な側面を持つのが模擬国連の特徴である。日本には1983年、当時、上智大学の教員であった後の国連高等弁務官・緒方貞子氏によって紹介され、現在ではその主催団体として日本模擬国連（Japan Model United Nations, JMUN）が組織されている。

　筆者には2017年末、JMUNが実施する模擬国連の全日本大会を視察する機会があった。そこでは高校生から若手の社会人まで、留学生や外国人を含む約320名が参加し、日本語5グループ、英語2グループでの模擬国連会議が連日にわたって実施されていた。それぞれのグループの討議

テーマは、移民、核軍縮、宇宙利用等、いずれも地球規模の課題ばかりである。英語、日本語、いずれの言語でも、学生がもし高度なコミュニケーション力を養いたいのなら、何も多額の費用をかけて海外へ行かなくてもここへ来れば十分だと、かつて国連職員だった筆者が確信するほど、当該会議では質の高い議論が交わされていた。

　同時にわかったのは、JMUNの運営、全日本大会等イベントの実施、普及活動、さらには資金集めに至るまで全ての活動を学生が担っているという驚くべき事実である。教員は一切関わっていない。関係者にヒアリングしたところ、こうした模擬国連の教育的な価値を高く評価し、経験者を中心に大学のゼミ等で実施している事例はごく少数伝え聞くものの、大学の授業として取り入れ体系化・シリーズ化している事例は知る限り報告がないという。教員の不勉強ということなのだろうか。いずれにしろ、学生たちのイニシアチブに我々大人の教育関係者が学ぶべきことは多い。

　模擬国連の隠れた特徴の一つは、日本人が比較的苦手とされる、国際会議における休み時間中の非公式な（水面下）交渉が予め組み入れられているということで、筆者はその点に最も感心した。早速2018年の授業から授業に模擬国連を取り入れたところ、学生からの評判も良い。

(2)　国内２：国際連合大学グローバルセミナー

　ただ議論するだけでなく、ちゃんと授業（講義）を聞いて、日本にいながら海外の大学の雰囲気を味わってみたいという学生にお勧めなのは国際連合大学グローバルセミナー（以下、UNU-GS）である。UNU-GSは、自治体や学界の協力のもと、1985年に国連（大学）が主体となって始めた合宿形式の国内留学プログラムである。対象は学部生、大学院生、もしくは若手社会人で、当代一流の講師陣による講義を基本に、英語及び日本語の両方を使って地球規模の問題について徹底的に議論する。一時期、日本の複数都市や韓国など海外でも開催されたことがあるが、近

年は当初数年のように神奈川県にある湘南国際村センターのみでの実施に落ち着いている。

　同センターでのUNU-GSは、2019年8月に開催されるセッションが第35回目となる。定員は100名で、小論文などで選考される。因みに、第35回UNU-GSのテーマは「グローバルな行動で国際テロに立ち向かう」である。

　4万円近い参加費（2019年現在）は安いとは言えないものの、宿泊費・食費・資料代の全てを含み、同様の条件を求めて海外へ行くことを思えば比較的経済的であろう。例年、留学生の参加も多いので、宿泊施設はちょっとした国際学生寮の雰囲気が味わえる。個室はなく、原則2〜6人の相部屋となるものの、夕方の講義終了後も日本人と留学生との生身の交流が続くという意味では肯定的に捉えて良いのではないだろうか。

　実は筆者自身もUNU-GSの卒業生である。筆者にとっては生涯初の外国の友人となった台湾人留学生と寝起きを共にし、実に多くのことを学んだ。関西の国立大に通う温厚な医学生であった彼が、ある講義で強烈な不満を公然と表明したのには驚いた。講演者のものの見方が中国本土の主張に傾き過ぎているというのである。部屋に戻った後も憤懣やる方ない様子で、戸惑う筆者に思いの丈をぶつけた後、怒って途中で退寮してしまった。今思えば、当時の筆者にとってUNU-GSは世界の縮図であったかもしれない。現代の学生たちにも必ずや大きな刺激をもたらしてくれるものと確信する。

(3)　留学：ツイン型学生派遣プログラム

　では逆に、海外への留学でしか得られないものとは何であろうか。未知のものごとやマイノリティ（少数派）としての経験が味わえることに加え、先に紹介した鳥飼（2016）は、「海外語学研修の最大の問題は、現地の学生との接触がほとんどないこと」だと述べる。確かに、日本人学生にとって同世代となる現地学生との交流は留学の大きな醍醐味の一つ

であろう。けれども残念ながら、春・夏・冬の長期休暇を利用した多く
の留学プログラムでは、現地も同様に休暇期間であることから、実際に
はキャンパスで現地の学生に遭遇することさえ稀ということは普通に起
こり得る。せっかくのコミュニケーション能力も、使えなければまるで
意味がない。

　こうした点に予め配慮した留学プログラムは、例え短期間であっても
優秀なものと言えるだろう。些か手前味噌ではあるものの、その一例と
して筆者が現在勤務する千葉大学のツイン型学生派遣プログラムを紹介
したい。筆者の先輩や同僚が開発した実にユニークな留学プログラムで、
文部科学省の「大学の世界展開力強化事業」に選ばれ、2012年から実施
されている。

　この留学プログラムは、教育学部の学生と理系学部の学生とがペアを
組んで活動することから、2人の意をもじって TWINCLE Program[1] と呼
ばれている。その特徴はまず、学生たちに海外での真剣勝負の機会を提
供していることにある。具体的には、前記の学生ペアがベトナムやイン
ドネシア、タイ、カンボジアといった東南アジアの高校で実際に科学の
授業を行うというのが活動の骨格となっている（**写真 7-1**）。事業の開始

写真7-1　東南アジアの高校で理科の授業を行う千葉大生

から2018年度末まで、既に491名もの学生が東南アジアの国々を訪ねた。

　派遣期間は2週間のトライアルコース、1か月以下のショートコース、加えて現地の大学での研究を含む半年以下のロングコースと計3種類が用意されている。いずれの場合も教員の指導のもと、学生ペアがお互いに十分話し合い、渡航前に具体的な授業開発を行う上、現地での授業実施に必要なプレゼンテーション能力も国内で予め身につけておくという点は、国内事項と本来の留学目的との切り分けに配慮した好例とも言えよう。参加した学生全員がTOEIC730点を突破することというのもこのプログラムの目標の一つで、学生にとっては実に明確なターゲットとなっている。

　千葉大学の教育学部生としてこのプログラムに参加し、現在は教員として活躍する緒形 (2018) は、現地での最初の授業で「伝わりづらく苦労した」実験の工程を滞在中に自ら改善し、次の授業では順調に実験が進んだことを報告した上で、フィードバックや反省の重要性という教員としての気づきを得ている。

　また、本項の最初に指摘した通り、通常の短期留学プログラムは現地学生との接触がないことが大きな欠点となっているが、TWINCLEはむしろ現地の学生と触れ合うことを活動の核とし、それを通じて多くの気づきや自信を得ることが目的となっている。この点でもTWINCLEが型にはまった短期留学プログラムでないことは明らかだ。実際、前記の緒形は現地の学生との触れ合いを通じて英語コミュニケーションの予想外の大切さを、また現地の大学教職員との共同作業を通じては忙しい中で世話をしてくれたことへの感謝を述べている。

　このプログラムのもう一つの特徴は、現地で日本人学生の行った教育上の実践が、かの地で歓迎され、なおかつ何らかの影響を残して行くという点であろう。筆者自身、2000年代にタイへの留学経験があるが、途上国では一般に理系の教員が極度に不足しているため (次章参照)、日本人学生が教師となって科学の授業を提供するという活動自体、現地の

ニーズに適っている。いわば、草の根の国際貢献と言って良い。留学した学生自身も生涯誇りに思うような体験であろう。

　当該プログラムがさらにユニークなのは、東南アジアから日本へも人材の逆流があること、そしてそれを通じて人的交流がさらに深まる工夫をしていることである。具体的には、TWINCLEに参加するガジャマダ大学やマヒドン大学といった海外の一流高等教育機関から教員や学生が千葉大学を訪れ、年3回開催される高校生による英語での研究発表会に参加する。

　自らの発表に英語での質問やコメントが寄せられるのは、参加した日本人高校生にとっては初めての経験であり、それらに的確に回答するのは彼らにとってまさに真剣勝負の瞬間である。2018年2月の発表会には、千葉県内の高校生199名、東南アジアの教員34名、留学生20名など計320名が参加し（**写真7-2**）、前記の緒形も今度は発表会の世話役として東南アジアからの訪問者を迎えた。

写真7-2　英語で研究発表を行う日本人高校生と、質問する東南アジアの教員

4　教職員に出来ること：経験的提言

　これまで述べて来たことを踏まえれば、グローバル人材を育てるために大学教職員の出来ることは自ずと明らかであろう。最後の項ではこの点について触れてみたい。

(1)　日本語による指導・教育を本分とする

　まず、日本語で出来るグローバル教育を我々の第一の本分とすることである。元東大総長で現・三菱総合研究所理事長の小宮山宏は、あらゆる機会を通じて日本が「課題先進国」であることを訴えている。少子高齢化、先進医療、地方の過疎など、日本で今起きていることは同時に世界の問題でもある。日本の歴史や発展の経験、現在抱えている問題を正しく理解することは即ちグローバルにつながる。

　但し、一歩国内を出て、そうした問題を世界で訴え論じる場合には、外国語の一般的な能力に加え、合理的・説得的な説明のための質の異なるコミュニケーション能力が要求される。したがって、教員としては学生の教育を行う上で、外国語での発信能力という点にも留意する必要がある。例えば、ディベートや模擬国連を日本語で一通り行った後、英語でも同様のことを行ってみるというのは、筆者の経験からしても、異なる種類のコミュニケーション能力を同時に涵養するための有効な手段だと思われる。

　本書の読者は、その多くが英語によるグローバルな教育環境実現についての推進派であろう。けれども、世の中にはそうした点に懐疑的な考えを示す識者も決して少なくない[2]。その点、国内でも実施出来ることと、海外へ留学しなければ実現困難なことを可能な限り切り分け、日本国内での母語による教育をあくまでも中心に据えた上で、それでも提供出来ない教育的価値のみを留学で補うという本項の基本方針は、推進

派・懐疑派双方が共に歩み寄れる考え方として貴重ではないだろうか。

(2)　留学プログラムは自前に拘らない

　学生にとって教育効果の高い、新たな留学プログラムを策定する作業は、今後も変わらず必要であろう。けれども、初歩的な語学研修と異文化理解をコンパクトに詰め込んだ、今でもよく見られる典型的な短期留学プログラムを、国や地域を変えてこれ以上どれほど増やしたところで、そこに一体何ほどの意味があるのか筆者には甚だ疑問である。最良の解決策は先に紹介したTWINCLEのような練りに練られた留学プログラムを教職員が一体となって開発することであるが、それにはヒト・モノ・カネ・時間と多くの資源が必要であろう。

　ここはいっそ自前のプログラムに拘らず、次善の策として、既に定評のある既成の留学プログラムを利用することも考えてみてはどうだろうか。例えば、米国の名門であるカリフォルニア大学バークレー校は、毎年夏季ジャーナリズムプログラム[3]を実施している。基本的には自校の学生のための正規の授業であるが、夏季に編成された当該プログラムだけは特別に他大学の学生や留学生にも開放されている。

　言ってみれば、海外の一流大学による本物のサマープログラムであり、当然のことながら英語の要求点は高い。

　そもそもこのプログラムでは、公開されている情報や申し込み方法自体が全て英語であり、大学と契約した旅行会社の支援もないため、航空券や住居については学生が自分で手配しなければならない。日本の大学にとって自前のプログラムではなく、実施の主導権はあくまでバークレー校側にあり、例え申し込んだとしても必ず合格するとは限らない。学期の始まりや終了のタイミングも日米の大学で一致しない。取得単位はバークレー校から発行されるものの、それが日本の大学でもそっくりそのまま卒業単位として認められるとは限らない。

　自校（日本）の学生のために細部まで行き届いた本邦大学自前の留学

プログラムに比べれば、海外の大学が持つ既存の教育プログラムはかくの如く条件的には実に不都合な点が多い。けれども、そうした困難を経験し、自立心を養い、もって自らへの自信を深めることも海外留学の重要な目的の一つであり成果ではないだろうか。

(3)　必要な情報を収集し学生へ発信する

　次に大事なのは、必要な情報の収集とそれを取捨選択して学生へ発信することである。先に模擬国連の全日本大会やUNU-GSの事例を紹介したが、学生が知らないこうした有益な国内情報はまだまだ多く埋もれているように思われる。前項で紹介した外部機関による既存の留学プログラムについても、世界にはまだまだ瞠目すべき実践や経験が眠っているだろう。

(4)　学外専門機関との連携を深める

　そうした外部機関による既存のプログラムについて、最も多くの情報が蓄積されているのは大学よりもむしろ民間の日本認定留学カウンセラー協会（JACSAC）及びその傘下にある海外留学協議会（JAOS）であろう。前者は専門の資格を持つ留学カウンセラーのための職能団体で、2017年末時点で少なくとも1,172人の認定留学カウンセラーが加盟しており（Onishi、2017）、実は筆者自身もその一人である。後者は法人を対象とし、同じ時点で在京オーストラリア大使館やブリティッシュ・カウンシルを含む、65の旅行・留学専門法人が加盟している。

　JACSAC及びJAOSの両者は毎月共同で、留学カウンセラーのための定期的な講習会を実施している。これまでに実施された具体的な内容は、英米豪などの国別留学最新情報のほか、留学相談の際のカウンセリング技術や帰国後の就職事情など実践的なものが多い。

　2019年現在、こうした講習会の開催地は残念ながら東京や大阪などに限られているものの、対象は認定留学カウンセラーだけでなく、高校や

大学の教職員など外部にも開放されている。民間が提供するこうした機会を、学内でのFaculty Development（FD）やStaff Development（SD）に組み入れ、適切に利用することを奨励したい。

注

1　TWINCLE Program = Twin College Envoys Program

2　例えば、施光恒（2015）『英語化は愚民化』集英社、吉田文（2015）「『グローバル人材育成』の空虚」『中央公論』2月号、pp.116-121.、中央公論新社、清水真木（2015）「もし日本のすべての大学の授業が英語で行われたら」『中央公論』2月号、pp.142-147.、中央公論新社など。

3　https://journalism.berkeley.edu/admissions/summer-minor-program/（2019.10.8閲覧）

参考文献

緒形千秋（2018）「世界を広げた新しい出会い ── タイでの教育インターンシップ」『留学交流』Vol.92、pp.33-37.、日本学生支援機構

司馬遼太郎（1989）『「明治」という国家』日本放送出版協会

鳥飼玖美子（2016）『本物の英語力』講談社

Yoshinobu Onishi（2017）"Academic Advisors and Study Abroad Counselors in Japan: Implementing a New Forum for Both to Learn from Each Other," *Academic Advising Today*, December Edition, National Academic Advising Association（NACADA）

コラム7：書評

アルク教育総合研究所監『グローバル教育を考える　教育とビジネスの現場にみるグローバル教育の潮流』

1　本書の概要と構成

　東京都杉並区に本社を置くアルク社は、その創立以来、「ヒアリングマラソン」に代表される外国語教育や、日本人の海外留学支援を早くから手がけてきた、いわばわが国における国際教育分野の草分け的な出版社である。本書はいわゆる学術書・専門書でこそないが、当該分野で定評のあるアルク社が、綿密な取材をもとに書き上げた第一級の報告書である。目指したものはグローバル教育に関する現状報告と幅広い問題提起であり、具体的な内容と構成は以下のようになっている。目次を概観するだけで、本書が扱う問題の多様性が理解できるであろう。

Ⅰ部　グローバル教育を考える

Ⅰ-1　グローバル教育とは

　01　「グローバル」と「国際」は何がどう違うのか／02　グローバル社会においては「日本人」であることに価値がある／03　海外の人に本物を届けたい！お味噌屋さんのグローバル展開／04　「顔が見える日本」のためにももっと国際機関で活躍する人材を／05　グローバル人材に必要な資質や能力とは何か／06　グローバル教育最前線①「文化コード」で世界を俯瞰する／07　グローバル教育最前線②マトリックスで考えよう／08　日本にも公用語が必要になる時代が来た

Ⅰ-2　日本の教育の課題

　01　日本の教育の何がそんなに問題なの？／02　グローバル教育の起爆剤 国際バカロレア（IB）／03　「日本版IB」導入で教育の何が変わるのか／04　名門中高も乗り出す海外進学　正念場を迎えた日本の大学／05　大学の生き残りをかけたグローバル人材育成プログラ

ム／06　大学のグローバル戦略①東大　グローバルキャンパスへの
挑戦／07　大学のグローバル戦略②SGUとしての明治大学の取り組
み／08　大学のグローバル戦略③今、英語教育に求められるもの／
09　多様性の理解を促進させるリベラルアーツ教育が熱い／10　高
等教育に変革を起こす無料オンライン講座「MOOC」

Ⅰ-3　語学教育と大学入試
01　英語教育改革の実効性　真の成果をもたらすために／02　小学
校英語のゆくえ　賛否を超えて意識すべきこと／03　幼稚園に見る
未就学児からの英語教育／04　大学入試の英語が変われば中学・高
校の英語も変わる／05　教育改革に拍車をかける「英語4技能試験」
の活用／06　CAN-DOリストとCEFR生涯学習時代の語学支援ツー
ル／07　「CAN-DO」による新しい日本語教育

Ⅱ部　グローバル社会で通用する英語
Ⅱ-1　「社会人の英語使用実態調査」の目的
英語を使って仕事をしている日本人の英語使用の実態を明らかにする
Ⅱ-2　「社会人の英語使用実態調査」の結果
01　英語を仕事で使う社会人の多くは、一定の不自由さを抱えなが
らも英語を使っている／02　仕事で英語を使っているのは、「技術」
「企画」「総務」など内勤系の人／03　英語を使っている人は「製造
業」に就いている人が多い／04　スコアに関わりなく、「メールを書
く」「電話で話す」ことが圧倒的に多い／05　英語を使う仕事の相手
は必ずしもネイティブスピーカーとは限らない／06　仕事で英語を
使う人の多くは、国内でのみ学習してきた／07　仕事で英語を使う
人の9割近くが英語学習を継続／08　世間のイメージと実態のギャッ
プはどこに？／09　日本人にとって有用な「仕事の英語CAN-DO
List」を開発、提示する

2　本書が提供する積極的な価値

本書の価値はまず、提供されるその多様な視点にある。まず、起承
転結の「起」に当たるⅠ-1では、海外で今活躍する様々な日本人がグ

ローバル人材の実例として活写され、現状の問題点も同時に炙り出される。そのうち、究極のグローバル人材は国連職員をはじめとする国際機関の職員であろう。当該分野では質の点で日本人の評判が良いにも関わらず、量の点では明らかに少なく、期待に応えられていない残念な現状がデータと共に明らかにされている。

　続く「承」に当たるⅠ-2は、本書で最も情報量豊かな構成となっており、国内の大学を中心とした多様なグローバル人材育成の試みが現在進行形で余すところなく紹介されている。ただし、各大学によるこうした短期の試みは、掲載直後には大きな情報的価値を有する反面、決して永遠に続くものではない。そのため、情報としては得てして古くなりがちであり、読者としてはその点を割り引いて受け取らねばなるまい。

　むしろ、大学の事例中心のⅠ-2で例外的に紹介されている中等教育段階での新たな動き、すなわち国際バカロレア（IB）とその国内応用編である日本版IBの普及についての報告は、一般にはまだ余り知られていないこともあり、文科省が掲げる国内200校という目標が達成されるまでの間は、大いに参考になるだろうと予想する。

　Ⅰ-3は「転」に当たり、初等・中等教育における注目の試みについて、英語教育を中心に幅広く取材した内容が紹介されている。「大学入試の英語が変われば中学・高校の英語も変わる」(本書116頁) はその通りであろう。政府・文科省による英語教育の改革について、本書はどちらかというと肯定的に評価している印象があるが、比較のため、逆に政策に批判的な立場からの論考（例えば鳥飼玖美子著『英語教育の危機』ちくま新書、2018年刊）も併せ読むことで複眼的な思考が可能になるだろう。

　後半の第Ⅱ部「グローバル社会で通用する英語」では、社会人の英語使用実態調査の目的及び結果が紹介されている。この章は順天堂大学の教員・小泉利恵による執筆であり、詳細なデータ及びその分析は疑いなく学術的な価値を持つ。

　まず、「仕事で英語を使う人」の実態が、目次を見るだけで難しいこ

とを抜きにおおよそ理解できるという表示スタイルが素晴らしい。一言で述べれば、実態とそれに対する一般のイメージが多くの局面で乖離しているというのが小泉の主張であり、提示されたデータを見る限りその分析は正しいと思われる。

　ただ、目次を見るだけで全てわかったようなつもりになることは危険であるし、せっかくのデータを無駄にすることにもつながるだろう。例えば、「05 英語を使う仕事の相手は必ずしもネイティブスピーカーとは限らない」のは確かなのだが、こうした発見のみをもとに、だから英語はブロークンで良いのだという結論を導き出すのは誤りである。なぜなら、本書168頁のデータでは、TOEICスコアが465以下の人たちも、67.2%は仕事でネイティブと英語を話すのだから。

3　本書の課題

　他方、課題とてなくはない。例えばそのひとつは、本書が日本人の日本人による日本人のためのグローバル教育本になってしまっていることである。内向きと言ってもよい。日本語による出版は認めるとしても、近年、多くの読者は日本式の国際化や日本人のみが提唱する（ややガラパゴス的な独善的）グローバル化の弊害と嘘臭さに気づき始めている。アルクほどの出版社であれば、日本人以外の有識者に取材するという選択肢はなかったのだろうかと疑問に思う。

　例えば本書中、ある日本人が、グローバル教育に必要なのは「常に自国を中心に、あるいは自国から見た視点で、他国との関係を考える」異文化理解ではなく、「地球全体を俯瞰」することが大事と言うが（本書30頁）、果たして日本人以外も同じ意見だろうか。彼女が作成したという「4つの文化コード」(同頁) も大変参考にはなるものの、そもそも日本人特有の独善的な基準によるものではないのだろうか。本書ではそこが必ずしも判然としない。

　二つ目の課題は、本書の叙述スタイルがいわゆる「広く浅く」になっており、結果としてその内容が極めて網羅的だということである。突っ込み不足、分析不足と言い換えても良い。いわば、扱う問題が多

様であるという本書の長所が、そのまま欠点にもなっているということとである。

　分析不足という欠点は調査データの扱いについても当てはまる。例えば、前項で紹介した本書168頁のデータをよく見れば、「英語を使う仕事の相手は必ずしもネイティブスピーカーとは限らない」こと以外の発見もある。TOEICスコアが「470-595」「600-725」「730-855」点の中級者が仕事上、電話で英語を話す相手がネイティブだという割合は3つのコーホートのいずれも75%付近に止まっているのに比べ、「860以上」の上級者は85%とより高い数値を示しており、さらに科学的な知見を得るために仮説検定を行えば、両者の差の統計的有意性が判断できるはずである。小泉はこうした点について、本書の中では細かく深い分析を行っていないので、今後より詳細な分析がなされることを期待したい。

　三つ目の課題は、上述のように本書第Ⅰ部では各方面への精力的な取材によって「起承転」までは示されるものの、最後の締めとなる肝心の「結」に相当する部分がないことである。グローバル教育を「考える」という、本書の能動的なタイトルからすれば、「起承転」で様々な現状が示されるのみという構成はいささか不十分であろう。

　本来であれば第Ⅱ部が「結」の役割を果たさねばならないはずだが、現実の内容はこれまでの議論とは脈絡を少し異にしたものであり、興味深い内容であるとはいえ、英語に関するある特定の調査を紹介したに過ぎない。

　そうではなく、例えば「社会人の英語使用実態調査」は単に巻末の参考資料とし、第Ⅱ部は内外の有識者による座談会あるいはコメントの紹介といった形式にして、本書第Ⅰ部で示された様々な現状をもとに、グローバル教育に関する真にグローバルな考察を深める内容にすれば、より首尾一貫した稀有な一冊に仕上がったのではなかろうか。「起承転」の内容が素晴らしいだけに、画竜点睛を欠いたことが惜しまれてならない。より一層精緻な構成を持つ、挑戦的な続編を期待する。

（アルク選書、2015年6月、199頁、税抜2,200円）

第Ⅳ部　留学支援のために

第8章　現実的選択としてのアジア留学

1　欧米とアジア

　これまで、留学の目的やその効果、さらには具体的な留学プログラム
の内容について触れて来たが、本章では留学「先」の議論をしてみたい。

　明治維新以降、日本人の留学先と言えば、その大半は欧米と相場が決
まっていた。明治時代、わが国は富国強兵を国策とし、産業革命を成し
遂げた欧州列強に追い付き追い越すことを目標としていたことがその背
景にある。また、第二次大戦後は超大国となった米国との関係が深くな
り、欧州に加え米国への留学もまた大きな潮流となった。

　しかし最近は、第6章で触れたように、エリートによる欧米の名だた
る名門大学への長期留学に代わってより気軽な短期留学が一般学生の間
で主流となって来た。その結果、中国や韓国を中心とする近隣のアジア
諸国[1]への留学が急激に活発になって来ている。

　例えば2019年8月現在、筆者の勤務する千葉大学と海外大学等との学
生交流協定数は、北米17、欧州81に対して、アジア地域は203となって
おり、数の上では他の地域を圧倒するまでに成長している。但し、これ
まで評価のほぼ固まっている欧米留学経験者に比べ、アジアへの日本人
留学生については情報自体が少ない。帰国後の評価も決して定まってい
るとは言えないし、統計を含め関連する調査・研究もまだまだ少ない。
しかしながら、飽和状態にある欧米への留学希望者に比べ、中国を中心
とするアジア諸国への留学は今後の成長性が大きく見込まれる分野であ

り、留学を指導する大学教職員にとっても、また当の学生にとってもタイムリーな情報提供や調査の充実が今こそ望まれているのではないだろろうか。

2　アジアの大学

(1)　様々な先行研究

　日本人留学生の概況をひとまず脇に置けば、驚くべきことに80年代後半のアルトバックによる研究 [2] をその嚆矢として、アジアの大学や高等教育に関する研究は、質的にも量的にも、実はもう十分なされていると言っても良い。少なくとも、日本語におけるこの種の文献は、質量共に欧米の大学研究に関するそれを凌駕せんばかりの勢いである。

　例えば、北京大学や清華大学、シンガポール大学など、個別の大学について論じたもの [3]、中国やベトナム、韓国などといったある特定の国の大学について論じたもの [4]、或いはいわゆる従属理論的見地からアジアの大学に見る西欧の大学的特質の優位性を説いたもの [5]。さらには、ある国の高等教育の成り立ちを歴史的な視点から紐解いたもの [6]、アジア各国における大学の現在の様子を報告したもの [7] など、内容は実にバラエティに富む。

(2)　アジアの大学の問題点

　それらの研究を総合すると、アジアの高等教育に関して次の二つの傾向が見てとれる。一つは、制度の面でアジアの旗艦大学は日本の大学と「対等」どころか、それ以上に素早くダイナミックな動きを見せ始めているという傾向である。例えば、中国で1996年に始まった「211工程」と呼ばれる重点大学育成策、シンガポールやマレーシアで盛んになって来た海外の一流大学との提携プログラムは広く紹介されている例である。また、わが国における2004年の国立大学法人化の実施、或いは株式会社

立大学の設置認可以前に、マレーシアやシンガポール、或いはタイなど
でも同様の試みがなされていたことは特筆すべきである[8]。

　他方、二つ目の傾向として、研究や教育といった内容の面では未だ立
ち遅れが目立つことが挙げられよう。近年アジアの大学は中国やシンガ
ポールを中心に（特に自然科学分野における）研究面の充実を急いで来た[9]。
その結果、清華大学や香港大学、或いはシンガポール国立大学といった
幾つかのトップ大学が、Times Higher Education に代表される世界大学
ランキングでの順位を大幅に上げた一方、残る多くの国では教育・研究
分野の設備拡充や人材の早期育成、産業界の重層的な支援などの点で十
分な整備がされているとは言いがたい。したがって、特に自然科学分野
の研究面でアジアの多くの大学は日本の後塵を拝しがちである。

　さらに教育という点でも、大塚（1995）によるベトナムの大学のレ
ポートが語るように、アジアの大学の多くは、たとえ旗艦大学といえど
も未だに暗記・詰め込み型が中心であり、創造的なアイデアや研究が生
まれにくいという土壌を持つ。東京大学教授・末廣の次の発言[10]が、こ
れらの事実を最も的確に表現している。

　　例えば、チュラーロンコン（原文ママ）大学で、先端的研究をやろ
　うとしても、それを支えるすそ野や基礎研究がまだ整備されていない。
　チュラーロンコンの中で一番進んでいる分野の一つは化学だと思うん
　ですが、国際的なレフリー制ジャーナルに、博士論文を書いて通った
　教員はほんとんど（原文ママ）いないわけです。そういう状況のもと
　で高度化、高度化と言っても、やっぱりむなしいのであって、ある程
　度の時間をかけて、すそ野から教育基盤をつくっていくというプロセ
　スが必要じゃないかと思います。ですから数字の上で進学率は非常に
　上がったけれども、中身のほうがそれについてきていないというのが、
　私の印象です。

これらの点から、第一の制度面はともかく、二番目の傾向として指摘した点、すなわち大学本来の使命である教育や研究という点では、アジアの大学の多くは金子（2001）の言う「発展途上大学」であり、今のところ、特に自然科学分野においては日本の大学が多くの場合まだ比較優位を保っていると思われる。

3　アジア留学の実態と二つの誘因

しかし、たとえアジアの大学が上記の程度に未成熟な状況にあっても、日本人のアジア留学は急激に拡大している。文部科学省（2019）が紹介したOECD統計によれば、2016年に米国へ渡った日本人留学生が18,780人であるのに対し、中国へのそれは13,595人にまで迫って来た。同じ中華圏である台湾に留学した7,548人を加えれば、アジアの中華圏だけで既に米国への留学生数を上回っていると見ることも出来る。

留学生数の伸びは言うに及ばず、その内容についても、例えば、岡本（2005）や大西（2007）らによって中国やタイ、シンガポール、インドへのMBA留学という新たな傾向が報告されている。よって本項では、これらの事実を取り巻く背景について、1）アジア各国における留学生受け入れ策：プル要因として、2）わが国政府と個別大学：プッシュ要因として、という二つの視点からまとめてみたい。

(1)　アジア各国における留学生受け入れ策：プル要因として

アジア各国における留学生受け入れの事例として、まずは最も影響力が大きいと思われる中国を紹介しておかねばなるまい。同国にとっての留学生受け入れはいわば国策であり、「規模の拡大、レベルアップ、質の保証、規範の管理」がその課題となっている（外務省、2004）。特に「規模の拡大」について、2004年3月に教育部によって策定された「2003年-2007年教育振興行動計画」において、中国は2007年までに留学生受

け入れ総数12万人という目標を定めている。驚くなかれ、この目標は早くも2005年に達成され、現在は2010年に同じく教育部が定めた「留学中国計画」において、2020年までに50万人の留学生を受け入れることを表明している。

　同様に韓国は2004年"Study Korea Project"を開始し、2010年までに5万人の留学生を受け入れることを表明した。この目標は早くも2008年に達成されたため、今度は2020年までに20万人の留学生受け入れを目指すという"Study Korea 2020 Project"を2012年に新たに立ち上げた。但し、韓国政府はその後、目標達成年度を2020年から2023年に延期している（塚田・太田 2018）。

　さらに杉村（2008）によれば、1990年代までは留学生の送り出し国であったタイやマレーシアが、近年では留学生の受け入れ大国へと変貌して来ているという。シンガポールやマレーシアでは英語が通じるという点を最大限に活用し、イェール大学など欧米の一流大学との提携プログラムを実施することで、より多くの留学生の獲得を目指している。いずれの国においても、日本人留学生の獲得は重要なテーマである。

　但し、その具体的な方策としては、中国や韓国のように政府支給による奨学金を拡充するという方策もあるものの、今のところは各個別大学の方策に任されている部分が大きい。例えばその成功例として、前記のシンガポールの場合には、シンガポール国立大学やナンヤン工科大学という主要な二つの国立大学が中心となり、米・マサチューセッツ工科大学やわが国の早稲田大学などと留学生獲得のための提携プログラムを実施している。そして政府は、従来存在していた大学ごとの留学生割り当て枠を撤廃するなど、側面支援に徹している。

　鄭（2006）の韓国に関する報告は、留学生獲得策の失敗例である。2006年、ソウル大学は特別外国人留学生受け入れプログラムを実施したものの、「国費奨学金以上の好条件」にも関わらず、募集人員63人のところ応募は20人に留まったという。このプログラムの目的は、アジア諸国に

おけるソウル大学人脈の構築と理工系大学院の空洞化を埋めることであったが、対象国から日本と中国を除いたことが数字の上で伸び悩んだ大きな原因だったかもしれない。

　日本人のアジア留学促進に関するプル要因として、今最もダイナミックな動きをしているのはやはり中国の各大学であろう。日本をはじめとする各国の大学と、相互の提携関係を強力に推し進めている。日本の大学がこれに呼応することで、様々な交換留学プログラムが共同開発されており、この点で日本の各大学から見てプッシュ要因ともなっている。

　例えば先に紹介した千葉大学の事例では、アジア地域における 203 の学生交流協定のうち、33% に当たる 68 協定が中国との間で結ばれたものである。次に多いのは韓国の 31 で中国の半分以下であり、欧米など他の地域を含めても一つの国で中国の 68 を上回る事例はない。

(2)　わが国政府と個別大学：プッシュ要因として

　日本人のアジア留学促進をプッシュする要因として、ここでは政府と各個別大学という二つの主体を考えてみたい。まず、わが国の留学生派遣策としては、（厳密な意味で政府案とは言えないものの）2003 年 12 月 16 日付で中央教育審議会から日本政府に答申された「新たな留学生政策の展開〜留学生交流の拡大と質の向上を目指して〜」がある。

　この答申では「アジア太平洋大学交流機構（UMAP）が開発した UMAP 単位互換方式（UCTS）の活用が有効」と、日本人のアジア留学促進を示唆している箇所もあり注目される。ところが一方で、「短期留学の推進に当たっては、（中略）アジア等への派遣、欧米等からの受入れを推進するなど、交流の地域の均衡に留意していく必要がある」とも述べられているため少し混乱する。

　「均衡が取れていない」ので「交流の地域の均衡に留意」する、というのはもちろん悪いことではない。しかしながら、その手段として短期留学の推進を活用する、というのは議論のあるところであろう。確かに

短期留学ならより多くの人の参加が期待出来るため、第6章で見たように数は稼げるであろう。そしてその（数合わせの）結果として、欧米とアジアの差は少し縮小する。さらに、将来のより長期の留学につながるようなきっかけ作りとしては、ごく短期の留学にもそれなりの意味が生まれるかもしれない。

　実際、政府以外の主体として、日本の各大学が自ら積極的に実施しているアジアへの留学促進策も、ごく短期の留学を意図したものが多い。服部（2001）が紹介する南山大学の短期アジアプログラムなどはその例であり、実態としてこれらのプログラムが日本人のアジア留学を促進する大きなプッシュ要因となっていることは確かに否定出来ない。

　けれども、アジアへは長期留学でなく短期留学を奨励、という誤ったメッセージを政府が発することになれば、それはそれで問題であろう。高橋（2005）による早稲田大学のシンガポールでのダブルディグリー・プログラム、留学と組み合わせた大学院修士・博士過程5年間通算のパッケージを提供する神戸大学のサンドイッチ・プログラム[11]など、より長期の本格的な留学を企図する試みも幾つか生まれて来ているので、なお一層、短期留学中心で行くという方針には違和感を禁じ得ない。

　実のところ、前章で指摘したように、短期留学ではどうしても典型的な語学研修か、せいぜい小規模な異文化体験プログラム程度が中心とならざるを得ず、その点、同じ2003年の中教審答申で「アジアにおいても世界トップクラスを目指す高等教育機関が出現」し始めたと、その教育・研究面を賞賛している事実との間に少なからぬ矛盾や齟齬を生じている。ただそれでも、将来の本格的アジア留学拡大に向けた過渡的な施策のひとつ、或いはきっかけ作りとして、過渡期である今は短期留学中心の方策をひとまず受け入れる、という選択は現実的かもしれない。

　しかしそれにしても、短期・長期というのは何ら本質的な事柄ではない。この意味で前記の答申がもっと問題なのは、卑近な数合わせの論理からのみアジア留学促進の必要性が論じられていることで、アジア留学

が持つ本来の意義や本質的な価値という側面からではないことであろう。そこには政府としての人物交流や海外留学に関する哲学や理念のようなものが一切垣間見えず、アジアへの長期留学経験者の筆者としては極めて残念である。

　その点、わが国の各個別大学の理念や方策の方が、かえってアジア留学の意義や本質をより的確に捉えており非常に示唆に富む。本項でそれら全てを紹介することは出来ないが、全体をより大局的に理解しようとすれば、仲上（2001）の言う四つの意義と三上（2005）の主張する三つの意義を対比するのが良い。

　まず仲上は、日本人のアジア留学に関して、1）アジア地域の発展にとっての意義、2）留学する学生にとっての意義、3）企業などの各団体にとっての意義、そして4）（日本の）大学にとっての意義、という四つの意義を提起する。中でも、日本人留学生が、既に日本は全ての面でアジアのトップではないという現実を理解し、アジアから学ぶという姿勢を身に付けることが出来る、という示唆は貴重である。

　これに対して三上は、工学専門家の立場から、大学卒業後「アジアの技術者との密接な共同作業に」携わるであろう工学部生には、学生時代にアジアを肌で知った経験が将来必ず役に立つと言う。また、「科学技術で日本がリーダーシップをとる上で、学生が途上国の実際の問題に現場で接すること」の効用をも説く。そしてさらに、「アジア地域における地域経済統合の進展と日本の国際貢献にとって」日本人のアジア留学の効用は大きいと主張する。

　両者共に、人や地域の交流或いは共同作業、経験の共有といった点で共通点を持つ。重要なのは両者の相違点である。仲上は、アジアには既に日本より進んでいる部分があるので、そこから学べと唱える。これに対して三上は、遅れている途上国の現状を体で味わえ、と言う。つまり、進んでいる点、遅れている点、その双方から日本人は共に学ぶことが大事だ、というのが両者の主張に関する筆者流の解釈である。

　このように、一見相対立するような意見が提起されるのは、しばしば
「混沌」とさえ表現されるアジアのダイナミックさゆえではあるまいか。
だとすれば、まさにそこにこそアジア留学の本質的な意義が隠されてい
るように筆者には思えるのだがいかがだろうか。

注

1　本稿ではいわゆる東アジア、南及び東南アジアを主に指す。

2　日本語版は馬越徹監訳（1994）『比較高等教育論：「知」の世界システムと
　大学』玉川大学出版部。

3　例えば、沖園カナ子（1993）『北京ダックス：中国のヤングエリート・北京
　大学生』第三書館、池田充裕（2001）「21世紀に羽ばたくシンガポールの大
　学 ── 知識経済に勝ち抜くための大学教育改革」『IDE現代の高等教育』7月
　号、pp.41-44.、IDE大学協会、工藤俊一（2003）『北京大学超エリートたちの
　日本論：衝撃の「歴史認識」』講談社、紺野大介（2006）『中国の頭脳：清華
　大学と北京大学』朝日新聞社など。

4　例えば、大塚豊（1998）『変革期ベトナムの大学』東信堂、大塚豊（2001）
　「21世紀に羽ばたくベトナムの大学 ── ドイモイ政策と大学」『IDE現代の高
　等教育』7月号、pp.49-53.、IDE大学協会、佐藤東洋士（2001）「21世紀に羽
　ばたく台湾の大学 ── 全入時代の優秀な学生確保策」『IDE現代の高等教育』
　7月号、pp.31-36.、IDE大学協会、杉本均（2006）「マレーシアの高等教育の
　現状と留学生施策」『留学交流』10月号、pp.6-9.、日本学生支援機構など。

5　例えば、馬越徹・大塚豊（1993）『アジアの大学：従属から自立へ』玉川大
　学出版部など。

6　例えば、馬越徹（1995）『韓国近代大学の成立と展開：大学モデルの伝播研
　究』名古屋大学出版会、大塚豊（1996）『現代中国高等教育の成立』玉川大
　学出版部など。

7　例えば本書コラム4や、加藤重雄（2006）「ミャンマーの高等教育事情」
　『留学交流』7月号、pp.26-29.、日本学生支援機構など。

8　例えばシンガポールでは企業的大学（entrepreneurial university）、タイでは
　自治大学（autonomous university）と呼称。

9　中国が、欧米の一流大学院へ留学した中国人研究者を海亀派と呼び、高い
　報酬と地位を約束することで国内への回帰を推進しているのは有名。

10　馬越徹・財団法人静岡総合研究機構編（2005）、p.210.

11　読売新聞（2007）朝刊「神戸大大学院、国際協力のプロ育成一貫5年、途
　上国へ留学も」3月2日。

参考文献

馬越徹・財団法人静岡総合研究機構編（2005）『アジア太平洋高等教育の未来像』東信堂

大西好宣（2007）『欧米でなく、アジアへ留学することの意義：留学前後の問題とキャリアパス企業の視点を中心に』JAFSA研究助成報告書

岡本聡子（2005）『上海のMBAで出会った中国の若きエリートたちの素顔』株式会社アルク

外務省（2004）『主要国・地域における留学生受入れ政策』外務省人物交流室

金子元久（2001）「台頭するアジアの旗艦大学と日本」『IDE現代の高等教育』7月号、pp.16-23.、IDE大学協会

杉村美紀（2008）「アジアにおける留学生政策と留学生移動」『アジア研究』Vol.54., No.4, pp.10-25.、アジア政経学会

高橋史郎（2005）「早稲田大学のアジア留学」『留学交流』9月号、pp.6-9.、日本学生支援機構

中央教育審議会（2003）『新たな留学生政策の展開 ── 留学生交流の拡大と質の向上を目指して（答申）』文部科学省

塚田亜弥子・太田浩（2018）「韓国の高等教育改革と留学生政策」『カレッジマネジメント』Vol.212、pp.64-67.、リクルート

鄭圭永（2006）「韓国高等教育の国際化と留学生施策」『留学交流』10月号、pp.18-21.、日本学生支援機構

仲上健一（2001）「アジア太平洋時代の留学」『留学交流』10月号、pp.2-4.、日本学生支援機構

服部誠（2001）「アジアの多様とアジアの現実を視る ── NAP：Nanzan Asia Program（南山大学短期アジア留学プログラム）について」『留学交流』10月号、pp.16-17.、日本学生支援機構

三上喜貴（2005）「日本人のアジア留学の意義と大学の国際化 ── 長岡技術科学大学の事例」『留学交流』9月号、pp.10-13.、日本学生支援機構

文部科学省（2019）『「外国人留学生在籍状況調査」及び「日本人の海外留学者数」等について』

---コラム8：エッセイ---

ASEANと日本の将来～私の経験から～

　国と国、地域と地域との関係は、人、モノ、カネの往来が基本である。ASEANと日本との間では、モノとカネの頻繁なやりとりに比べ、人の行き来が現在やや一方的なのが気になる。例えば、ASEAN諸国で最も日本人渡航者の多いタイへは2002年1年間で124万人もが渡航している。日本人の海外渡航先としては米中韓に次いで堂々の第4位である。それに比べ、同年のタイから日本への渡航者はわずか8万7千人に過ぎない。生身の人間が交流することは、お互いの信頼醸成のためにはモノやカネが盛んに交換されること以上に重要で不可欠である。そしてそれは、25年以上も前に当時の福田首相が唱えた「対等のパートナー」という言葉を持ち出すまでもなく、できるだけ平等な立場でなされ、さらに双方向であることが望ましい。そこで本稿では、ASEANと日本との将来を考えるにあたり、現在の一方通行的な人の往来をどうすればより双方向的なものに近づけられるかという点を中心に論じてみたい。

　まず、問題となる人の流れのうち、ビジネスや海外旅行での往来はかなりの部分市場の影響を受けざるを得ない。他方、学術や文化の交流はある程度その時々の政策によって左右される要素があるため、人為的に、しかも短期間に双方向的な人の往来を実現するためにはこの部分が鍵だ。しかも、米フルブライト計画の成功に学ぶまでもなく、学術・文化上の交流は異文化理解や信頼基盤の根幹をなすものであり、中長期的な将来視野に立った場合、その影響力は極めて大きい。したがって本稿ではこの点を中心に論ずることとし、交流促進のための具体的な提言をするにあたり、まずは自分自身の経験を述べたい。

　私は現在、タイの大学に籍を置いている。この大学は20世紀初頭に設立されたタイ最古の高等教育機関であり、ASEAN諸国でも有数の学術研究機関である。しかしそのような輝かしい伝統と名声にも関わらず、博士課程で学ぶ日本人は私が初めてであるという。一方、わが国

の大学や専門学校で学ぶタイの留学生は2003年5月時点で実に1,641人である。博士課程に限っても、その数は1人2人というようなものでは到底ないであろう。留学は学術・文化交流の典型的な一形態であり、この分野に限ってみても日本から見れば残念ながら明らかな輸入超過となっていることがわかる。果たして日本人はタイに興味がないのであろうか。

　答えは本稿冒頭の海外旅行の例で述べたように、当然否である。また、マスコミなどでは日本のアニメがタイの若者に大人気であることばかりクローズアップされるが、昨今ではタイのコメディ映画が日本に輸入されて大ヒット、続編まで作られる騒ぎになったのは記憶に新しい。大衆音楽の分野でも、日本では韓国のポップミュージック、いわゆるK-POPに続いてT-POP、つまりタイの大衆音楽が次のブームなのだそうだ。このように、エキゾチックで現代的なタイ文化は私たち日本人を魅了してやまない。ことタイに限らずASEANの国々への関心は、もともと私たち日本人の中に十二分にあるのである。しかし、それらが必ずしもこの国への留学という行動に繋がらないのは何とも残念だ。これには送り出す側（日本）と受け入れる側（ASEAN）双方に問題がある。

　数年前、ASEANと日本の学者による政策対話のための国際会議に出席した時のこと。マレーシアのある政府系シンクタンクの代表が、以下のような発言をした。いわく、日本の若者に是非もっとマレーシアの大学に来てほしい。私たちの大学は欧米の大学にも決して劣らない研究環境を備えており、日本人にはこの点を広く知っていただきたい、と。確かにわが国ではASEANの大学の情報が圧倒的に不足している。それゆえ、日本の若者が海外留学を考える時、欧米とASEANとの大学の優劣を比較することはおそらく皆無に近く、残念ながら選択肢にも入っていないというのが現状であろう。しかしこのような事態を招来したのは、ひとえにASEAN側の情報発信努力の不足ゆえである。

　私自身はASEANを対象に国際協力という仕事をしていた関係で、タイばかりでなくシンガポールやマレーシア、ベトナム、フィリピンな

どの大学を実際に訪れ、先生方の話を伺い、図書館などの研究環境を視察する機会に恵まれた。その上で比較考量し、最終的に今の大学を選んだわけだが、一般の日本人がそのような機会に恵まれることは通常考えにくい。このような情報格差を埋める最も簡単な手段は、いわゆる留学フェアなどの催しであろう。欧米やオーストラリアの大学は、毎年わが国の主要な都市で大規模な留学フェアを開き、日本人学生の獲得競争に余念がない。わが国の大学も海外で同様の催しを頻繁に開いている。これに比べ、ASEANのどこかの大学が、例えば東京で留学フェアを開催したなどという話を、私は寡聞にして知らない。

　また、日本人が欧米以外の大学へ行くことを躊躇する大きな理由のひとつに、言葉の壁がある。つまり、英語なら何とかこなせるがそれ以外の言葉はちょっと、というわけだ。しかし、私が籍を置くチュラロンコン大学でもそうだが、ASEANの主だった大学ならば英語だけで卒業できる外国人用の課程は急激に増えている。これは、ASEAN加盟国が10か国に増え、経済を筆頭に域内の交流が活発になるにつれてコミュニケーション手段としての英語の重みが増して行った結果であろう。他にも、脆弱だと言われた情報基盤はシンガポールやマレーシアのIT技術に代表されるごとく、ある部分では既に欧米のそれを追い越している。このように、考えてみればASEANはもはや自らの域内だけでなく、それ以外の国や地域にも既に門戸を開放し、様々なレベルでの交流の条件を整えつつあるのである。ならば、後はこのような有益な情報を外部にもっと広く知らしめれば良いだけの話だ。つまり、ASEANの大学に必要なのは従来のような単なる待ちの姿勢ではなく、まずは相手（日本）の懐に飛び込み、相手の望む情報を発信して行く積極さと勇気であろう。個々の大学にそれを実行するだけの知恵やカネがないのなら、当初は各国政府がそれをバックアップすることも必要だ。或いは国別ではなく、ASEAN全体として日本で留学フェアを開催することを考えても良いと思う。

　次に送り出す側の日本である。上記で述べたようにASEAN側の積極的な情報発信・開示努力が仮にあったとしても、そこは横並び意識が

強く用心深い日本人のこと、ASEANへの留学生が急激に増えることは当面考えにくい。ならば、ここはひとつ政策で後押しするしかない。

2003年度から、文部科学省がアジアへの長期研修派遣事業を始めたものの、これは日本人のアジア地域研究者を育てるためという比較的限られた目的が最初にあり、また少数の若手研究者を対象とした公募形式である。私の提案は、これを国家公務員の海外派遣事業にも拡大してはどうか、というものだ。現在、人事院が送り出している政府各官庁の海外研修生は、その殆どが欧米志向である。口先ではアジアの時代を唱えながら、その実態は欧米偏重というのではなかなかASEAN各国の理解も信頼も得られない。その点、ASEANへの国費留学生を増やすことは、国益という観点からも大いに歓迎すべきことなのである。具体的な方策としては、上記の国費留学生の内、ある一定割合を欧米以外に振り向けることだ。もちろんその中にはASEANも入る。大事なのはまず隗より始めよということだ。このような努力を10年も続ければある程度の経験やノウハウが蓄積され、それが呼び水となってやがては一般の日本人による私費でのASEAN留学も増加の一途を辿るのではないか、と私は夢想するのである。

（2004年神戸大学ASEAN Week懸賞論文最優秀賞）

終章　留学支援専門職の要請と実践

1　留学支援専門職を育てるには

　いつの時代も、そしてどんな場所でも、その道のプロと言われる人は頼りになるものである。初めての海外留学で、私たちの多くが頼りにするのもその道のプロ、すなわち留学支援の専門家たちであろう。本書の最後となるこの章では、これまで見て来た留学自体の問題から離れ、そうした専門家をいかに養成するかということについて考えてみたい。

2　民間の留学支援専門職

　留学支援のための専門職として、私たちが真っ先に思い浮かべるのはいわゆる留学カウンセラー或いは留学アドバイザーと称される民間のプロフェッショナルたちではないだろうか。

　前世紀末頃までのわが国では、留学支援を専門とする多くのエージェントや海外留学を扱う旅行会社などがそれぞれの基準、かつ異なる名称を用いて留学支援のための資格を発行していた。海外へ留学する日本人が比較的少数に留まっていた頃は大きな問題はなかったものの、80年代後半から90年代初頭のいわゆるバブル経済期に若者の間で海外留学が一時的なブームとなったため、トラブルが頻発した。資格が乱発され、必ずしも高い専門性を持たない即席の留学カウンセラーが多く誕生したことが原因だと言われている。

　この時代に失われた留学支援「業界」の信頼を取り戻すため、それまで真面目に業務を遂行して来た留学エージェントや旅行会社が中心となって、1991年に結成したのが一般社団法人・海外留学協議会（JAOS）及びその内部に設けられた日本認定留学カウンセラー協会（JACSAC）である。両者は留学カウンセラー資格の基準を統一し、毎年実施される公正な試験を通じて新たな留学カウンセラーを認定、証書を発行している。

　ネット社会の到来と共に資格試験の実施方法が発展して行ったため、試験内容は年代によって微妙に異なるものの、基本的には基礎・応用知識を網羅したテキスト数冊を自習した上で、一発勝負の筆記試験と面接によって合否が決定される。筆記試験ではテキストの内容を詳細に問う問題に回答し、面接では試験官の前で実際に留学のための模擬カウンセリングを行う。

　晴れて認定留学カウンセラーとなった暁には上記のJACSACの会員として自動的に登録され、ほぼ毎月、JAOSが実施している研修会などに参加することで専門性を継続的に高めることが出来る。なお、資格は2年間の更新制である。

　第7章の最後で触れたように、2017年7月時点で1,132人の認定留学カウンセラーが既に誕生している。筆者自身も2011年に資格を取得し、2014年には立場を変えて面接の試験官を務めた。但し、筆者のように大学に勤務する者がこの資格を取得するというケースはむしろ例外で、現在登録されている認定留学カウンセラーの大半は民間の留学エージェントや旅行会社に勤務するプロフェッショナルたちである。

3　大学の留学専門職員

(1)　専門性向上への障害

　他方、大学生に対する留学支援業務において、教員と共に学内で重要

な役割を担うのが事務系の専門職員である。私学高等教育研究所
(2010) が実施した調査では、学生支援 72％、就職支援 84％、学生募集
84％など、多くの分野で事務職員が大学事務の大半を担っていることが
確認されている。

　けれども、そんな彼らがその専門性や能力を最大限に発揮する際の大
きな障害となっているのがわが国の大学に固有の人事制度である。よく
知られるように、生涯を通じてほぼ異動のない教員とは異なり、国公立、
私立の別を問わず事務職員の場合には概ね3年から5年程度のサイクルで
所属する部署間の異動がある。

　鳥居 (2013) の指摘するように、「一般的に学内の複数部署を数年単位
で異動し、さまざまな仕事の経験を通じてジェネラリストとして熟達し
ていく日本の大学職員の固有性」が、「専門性を突きつめて論じる上で、
ひとつのボトルネックになっているのではないか」という意見は多い。

　したがって留学支援に関しても、たとえ当該業務に関心を抱いた事務
職員が上記の認定資格を取ったところで、数年後には同じ大学内の別の
部署に異動するという現状の人事制度ではその専門性を高めたり生かし
たりする機会は限られてしまう。仮に学内の研修制度を今以上に充実さ
せたとしても、せっかく獲得した専門性が人事異動によって寸断されて
しまうという本質は何ら変わらない。犠牲となるのは学生たちである。

　例えば、かつて筆者が勤務していたある大学の海外オフィスに、自他
共に認めるプロフェッショナルな留学支援専門職員が配置されていた。
国費留学制度やその他の奨学金に関する豊富な情報を持ち、英語での説
明能力も兼ね備えていたことから、日本への留学を希望する現地の高校
生やその親世代にも非常に信頼されていた。筆者自身も大いに頼りにし
ていた優秀な職員であったが、ある年の人事でそれまでの業務とは全く
関連のなさそうな医学部附属病院の庶務係へと異動した。筆者も多くの
同僚も大いに慨嘆したものである。

(2)　専門性向上への希望

　但し、そうした状況にも変化の兆しが幾つか現れている。今世紀に入り、わが国では少子化の進展による大学間競争の激化に伴い、大学職員の能力開発と専門職化がこれまでになく大きな脚光を浴び始めたのである。2001年4月、桜美林大学大学院国際学研究科に大学アドミニストレーション専攻修士課程が開講された（その後、大学アドミニストレーション研究科として独立）のは、その象徴的な出来事であった。

　同様の大学院はその後、東京大学や千葉大学などにも設置された。このような専門課程の存在意義について、武村（2003）は営利企業のトップエリートを養成するビジネススクール（以下BS）を引き合いに、「大学職員のためのMBA」と呼ぶことによりそのイメージを喚起している。

　ただ、大学の上級職員養成のためのこうしたプロフェッショナルスクールが、周囲の期待に直ちに応えているか否かについては、広く議論のあるところであろう。BSが既に長い歴史と伝統を持ち、教育・訓練のための方法論を現段階でほぼ確立しているのに比べれば、こうした専門職課程が真のプロフェッショナルスクールとしてその力を存分に発揮し熟成するには、今少しの時間が必要かもしれない。

　一方で、両プロフェッショナルスクールが、（営利・非営利の差こそあれ）同じようにマネジメントを学ぶ場であることを考えれば、後発の大学アドミニストレーションスクールが、先行するBSの経験に学ぶべき点も少なくない。

　例えば、国内外のBSで広く用いられ、一定の評価を得てきたケースメソッドによる教授法はその最たるものであろう。そこでこの最終章では、大学職員の専門性開発のためのより有効かつ実践的な手法として、ケースメソッド教授法を効果的に導入することを提言したい。

4　ケースメソッドとは

　佐野（2005）によれば、ケースメソッドは、経営者や管理者の育成を目的として、20世紀初頭、米ハーバード大学BSで初めて開発された教育手法である。同大におけるケースメソッドの特徴として、佐野は①現実の重視、②一般論よりも個別論の重視、③社会人学生の経験の重視、という三つを挙げる。「個別の経営課題をいかに解決するかの疑似体験を積むことによって、経営者としての意思決定能力を育成すること」がその狙いである。

　米ハーバード大学のこのような試みは、その後多くの大学に支持を広げた。また、ケースメソッドは教育のための純粋な方法論であることから、基本的にあらゆる分野で応用が可能である。例えば近年では、行政や公共政策、国際協力などの分野をもその対象としており、実際にハーバード大学ケネディ行政学大学院では、自らケースメソッドを用いて当該分野の教育を実践するばかりか、オンラインによるケースの売買までをも手がけている[1]。

5　ケースの作例：ケーススタディ≠ケースメソッド

　ケースメソッドで用いるケースは下記(2)のようなイメージであり、いわゆるケーススタディで紹介される単なる「事例」とは大きく異なることを、下記(1)との比較において理解されたい。

⑴　一般的な刊行物でよく見られる「ケーススタディ」の例：
　　JAFSA（2006）が紹介した神戸大学の留学生支援の事例

　たとえキャンパスの中や学生生活そのものであっても、留学生担当者が一人で（あるいは担当部署だけで）留学生に関わるあらゆるサポートを行うというのは、時間の面、労力の面でかなり難しい。(中略) その解決

策のひとつとして学生ボランティアを活用するという方法がある。(中略)「トラス」は、「留学生支援ボランティア活動やイベント企画・運営など、留学生とともに考え行動することを理念に (中略)」、1994 年に設立された。神戸大学留学生センター相談指導部門や留学生課と連携し、主に国費留学生の渡日時の銀行口座開設、外国人登録、国民健康保険加入等の支援を行ったり、(中略) 等の交流イベントを行っている。

　このような事例を知ることはもちろん自らの業務の参考にはなるものの、何度読んだところで、「○○大学には▲▲というシステムがあり、それなりにうまく機能しているのだな」という風に読者はその事例を知識として個別に記憶するに過ぎない。

⑵　ケースメソッドの「ケース」：物語性が重要

　一方、ケースメソッドのケースとはどのようなものであろうか。上記(1)をケースメソッドの「ケース」に書き換えてみよう。

　「あ〜ぁ」。薫は大きくため息をついた。地方の国立大学へ赴任して半年。留学生課の仕事にも当初からやりがいを感じている。遠い異国の地で、歯を食いしばって頑張っている留学生をみると、何とかして力になってやりたいと思う。けれど、薫は最近こうも考える。担当者が一人で、留学生に関わるあらゆるサポートを行うというのは、時間的にも物理的にもかなり無理がある。例えば、渡日時の銀行口座開設、外国人登録、国民健康保険加入等といった必要不可欠な支援を行ったり、日本を理解し、学生生活に慣れてもらうための様々な交流イベントを企画したりと、薫一人では到底無理な仕事が毎日目白押しだ。

　そもそも、留学生課には職員が3人しかいない。薫とその上司、そしてパートの派遣職員だけだ。それぞれに責任のある仕事を抱えており、とても薫から「手伝ってくれ」とは言いにくい。その上、上司は

前例踏襲主義の堅物である。仕事はたまっていくばかり。ため息もつきたくなろうというものだ。

*　そんなある日、薫はある日本人学生と話す機会があった。彼によれば、友人の中国人留学生が講義についていけず大変困っており、ある時見かねて、日本語の手ほどきをしたらとても喜ばれたという。そして、自分たちとしても人の役に立てたことがとても嬉しかったというのだ。これだ、と薫はひらめいた。そう、日本人の学生にもっと関わってもらえばいいのだ。職員だけで思い悩むことなどない。どうして今まで気付かなかったのだろう。明日にでも考えをまとめて、上司に相談してみよう。さて、紋切り型の上司にどう切り出そうか。薫はそのための方法を考え始めた。*

　物語性を伴ったこのようなケースの場合には、読者は努力せずして主人公に感情移入することが出来、当事者の気分を味わいながら、その判断の是非について主体的に考えることができるだろう。例えば、「こんな時、自分ならどうするだろうか」或いは「そういう状況ならさらに一歩進めてこうも出来るのでは」といった、自らを主体とした新たな行動につながる、きっかけや刺激が得られるのである。

　ここで言う新たな行動とは、例えば実際に自らの大学に在籍する学生たちを呼んで、彼らとのディスカッションを試みたりするようなことを指す。そしてそれを繰り返すことで、ケースで示された事例についての議論をより深めることさえ可能となる。まさにこれこそが、ケースメソッドによる学習の大きな利点なのである。

　こうした教材は必ずしも事務系職員だけを念頭に置いたものではない。教員とて、その対象である。

6　現状と課題

　わが国において、大学職員の研修や、そのプロフェッショナル化を目的に、ケースメソッドの導入を図ろうとした時、最初の壁は教材としてのケースそのものがほぼ皆無であることである。ケースを質量共に充実させるためには、迂遠に見えても、まずケースの書き手を育成することが必要である。

　筆者のもうひとつの専門である国際協力の世界でも、これと似たような経験がある。大きく先行する米国発ケースの充実ぶりに危機感を持ったわが国の関係者が、外務省の外郭団体である財団法人・国際開発高等教育機構（FASID）を中心に、国産のケースを蓄積し始めたのは1995年のことである。

　FASIDでは毎年、ケース執筆者養成のためのワークショップを開催しており、その成果として、これまで年最低1冊のペースでケースブックを出版している。ワークショップでは、ベテランの大学教員が受講生にケースメソッドによる授業をまず体験させ、続いてケース執筆の要領を説明した後、各自への個別指導を行う。その後、受講生は数か月かけてケースを執筆し、メールなどで教員によるケースの添削を数回繰り返す。

　そして再度、全員が集まり、今度は受講生各自が自らのケースを用いて模擬授業を行う。上記のケースブックに掲載されるケースは、その後1〜2度の微修正を加えた完成品であり、1冊あたり5〜10編のケースが収められている。

　一方、ケースメソッドは教える側にもある一定のスキルが必要である。『ケース・メソッド教授法』[2]という本があるくらいだ。筆者自身、ケースメソッド教授法による講義を既に10年以上試みているが、まだまだ理想には程遠い。

　ケースの執筆者を養成し、それなりの量のケースを出版・流通・蓄積

するには、何と言っても時間がかかる。国際協力分野のFASIDでさえ15年を要した。さらにそれらと併行して教員にも教授経験を積ませなければいけないと言うのだから、まさに気の遠くなるような作業である。だが、決して不可能ではない。関係者による一刻も早い検討開始を強く促したい[3]。

　なお、本章の付録として役立つよう、巻末に筆者自身による留学関連の新たなケースを提示しておいた。教師用の指導要領（ティーチングノート）と共に参考にして頂ければ幸いである。

注

1　https://case.hks.harvard.edu/content/cases/（2019.10.7閲覧）
2　アビー・J・ハンセン、C・ローランド・クリステンセン、ルイス・B・バーンズ編著、高木晴夫訳、ダイヤモンド社より2010年度刊。
3　高等教育分野におけるケースメソッドの有用性は、本田寛輔氏が広島大学RIHEメールマガジンNo.24〜25（2005年）でいち早く指摘し、「日本高等教育ケース・メソッド研究会」設立私案なども提示している。

参考文献

佐野享子（2004）「社会人学生のためのケースメソッド教授法：生涯学習論の視点から」名古屋大学高等教育研究センター第41回招聘セミナー（http://www.cshe.nagoya-u.ac.jp/seminar/sano）（2019.10.7閲覧）

私学高等教育研究所編（2010）『財務、職員調査から見た私大経営改革』

JAFSA（2006）「コラム留学生を学内でサポートする」『留学生受入れの手引き』p.150.、かんぽう

武村秀雄（2003）「大学アドミニストレーター養成の試み：桜美林大学の例 ── 大学職員のためのMBA」『大学教育学会誌』第25巻第2号（通巻第48号）、pp.126-131.、大学教育学会

鳥居朋子（2013）「質保証に向けた教学マネジメントにIRはどう貢献できるのか？ ── 立命館大学における教学IRの開発経験から」『大学マネジメント』Vol.9、No.3.、pp.2-7.、大学マネジメント研究会

```
コラム9：エッセイ
```

米国の大学における学修支援

　近年、IR、UR、アドミッションズ・オフィサーなど、大学での各職域に応じた米国型の専門職スタッフが注目を浴びるようになった。留学に直接関わる専門職としては、国際教育担当者（international educator）が有名だが、アカデミック・アドバイザー、すなわち学修（習）支援を専門とするスタッフもその一つであろう。

　わが国でも、米国の学修支援専門職を詳細に研究した清水（2015）や谷川（2017）による研究成果が相次いで発刊されるなど、当該分野の日本での可能性が脚光を浴びて来た。

　同分野の先進国である米国には、そうしたスタッフの専門職能団体である National Academic Advising Association（NACADA）があり、多くの会員を集め、事例報告や研究発表のための大会を毎年開いている。筆者はパネリストの一人として2016年、2018年の年次大会に参加したが、いずれも3日間で約400ものセッションが開かれている。米国の大学ではどのような学修支援が受けられるのか、留学時の参考にもなると思うので以下に短く紹介したい。

　2018年の年次大会冒頭で挨拶した代表者数人の話をまとめると、現在のNACADAは国内外2,500を超える高等教育機関から約15,000名の会員数を誇り、毎年着実にその数を伸ばしているという。

　NACADAが設立されたのは1990年。本部はカンザス州立大学（KSU）の中にある。NACADAが大学内に本部を置いたことで、幾つかのメリットが生まれた。3,800人もの会員が参加した2018年次大会のような巨大な催しを、NADADAとKSUが毎年共同で開催出来るというのは明らかにその一つであろう。

　それに加え、両団体の関係者の話ではそれ以上に人事上の相互交流のメリットが予想外に大きいという。というのも、KSUには学修支援を専門とする（或いは専門としたい）大学職員のための大学院修士課程が設置されており、NACADAの職員がそこへ講師として派遣されたり、

その逆に大学院の教員がNACADAに派遣されて実務を学んだりしているのだそうだ。現実から遊離しないことをとても大事にする、米国の専門職大学院らしい実践だと感じる。

　2018年の大会で筆者が特に関心を持ったのは、いわゆる体育会系の学生に対する学修支援である。日本では早稲田大学など一部の例外を除いてまだ一般的とは言えないものの、陸上競技の短距離を専門とするサニブラウン選手が、日本の大学ではなく米国のフロリダ大に進学したのは、「充実した学業面のサポート」が決め手だったと明かしたことで、近年、教育関係者からも俄かに注目を浴びた[1]。

　それ以前に、同じくフロリダ大に進学した元プロゴルファーの東尾理子も、米国では勉学で一定の成績を収めないと試合には出られないこと、また必要な成績を確保する上でアカデミック・アドバイザーの存在が大きく役立ったことを述懐している[2]。

　そうしたプロフェッショナルなアカデミック・アドバイザーたちにとって近年重要な問題となりつつあるのが、LGBTQと呼ばれる性的マイノリティの体育会系学生に対する学修支援である。LGBTQとは、現在の日本で一般的なLGBTに、心の性や好きになる性が定まらない人を意味するクエスチョニングの頭文字Qを加えたものだ。

　「LGBTQの学生アスリートに対する学修支援」と題された2018年のセッションでは、性的マイノリティが選手として大学の運動部に入部して来た場合の、学修支援専門職員としての注意点について複数の大学から事例紹介があった。大事なことは、LGBTQのアスリートたち自身に、他者及び大学からサポートされていると感じて貰うこと（その反対は孤立感）、学修支援専門職員として何らかの形でそれを明示的に示すこと（visibility）だというのがいずれの発表にも共通していた。

　セッションの終わりに筆者はこう質問した。LGBTQのアスリートたちをサポートすることの大切さはよくわかった。けれど仮に、LGBTQではない（多数派の）アスリートたちが相談に来て、LGBTQの学生と同じチームにいることが不快だと悩みを訴えたら、学修支援専門職員としてはどのような返事をするのか。LGBTQの学生に対して一般的な

意味で理解のある人でも、同じチームの選手となると、例えば身体的・物理的な接触や共同での着替え・入浴など、違和感を覚える機会は通常より多いのではないかと思うのだが、と。

　この質問に対して、ある男性職員はまずリーダーの問題が大きいだろうと明言した。以前、実際に彼の大学のフットボールチームに初めてLGBTQの学生が入部して来ることがわかった時、多くの関係者がどうなることかと不安を抱いたが、当該チームのリーダーがその他の選手に「仲間として迎えよう」と呼びかけたため、大きな問題は何も生じなかったという。

　この男性職員はまたこうも語った。しかし、いつもいつもこの例のようにうまく行くとは限らない。LGBTQでない選手がLGBTQの選手に対して不快感を表明するケースは今後も可能性としてあるだろう。一人の学修支援専門職員がそうした考えを押しとどめたり変えたりすることは出来ないし、選手が自らの意見として不快感を表明することも、自由主義社会では個人の権利として保障されなければならない。けれどそれでも、我々は多様性の重要さと、スポーツを通して他者を敬い認めるという文化を教育していかなければならない。それは教育者としての根幹に関わる重要な問題である、と。会場からは期せずして拍手が起き、司会者からは筆者の質問に対して謝辞が述べられ、当該セッションは無事幕を閉じた。

注

1　読売新聞（2017）「『文武両道』求め米留学大学手厚い学業サポート」7月7日朝刊。
2　同上。

参考文献

清水栄子（2015）『アカデミック・アドバイジング　その専門性と実践日本の大学へのアメリカの示唆』東信堂
谷川裕稔（2017）『アメリカの大学に学ぶ学習支援の手引き』ナカニシヤ出版

巻末付録

留学すれば何とかなりそう

大西好宣※

プロローグ

　「はい、留学さえすれば何とかなると思うんです」。目の前の女子学生がそう言う。先ほどまでの俯き加減の姿勢とは打って変わって、まるで私に縋るような熱い視線だ。うーん、でもどうなんだろう……。確かにこのままではいけないことはわかるし、留学もさせてあげたいけれど、果たして留学は今の彼女にとって万能薬なのだろうか。明子は迷っていた。

留学アドバイザーという仕事

　都内の私立Ｎ大学留学支援課に勤め始めて４年。明子はそれなりにやりがいを感じていた。というのも、事務職員としてはそろそろ中堅と呼ばれる域に入り、最近では数人の後輩職員を指導する役割が回って来たからだ。

　加えて、メインとなる留学支援という仕事も徐々に板について来た。この分野ではそれなりの専門家になりつつあることを日々感じとってもいる。自信がついて来たのだろう。同僚には最近、顔つきが変わって来たとよく言われる。もちろん良い意味でだろうと、明子はあくまで善意

　※ 本ケースは複数の事例をもとに大西が創作した。

に解釈している。

　そもそも明子自身が海外留学の経験者だ。地元のY県立大学2年の時、協定校との交換留学生に選ばれた。行き先はアメリカの西海岸、期間は1年。明子にとってはそれまで味わったこともない、宝物のような時間であった。その経験を若い学生に伝え、彼らの人間形成やキャリアアップの役に立てることがとても嬉しい。就職活動でN大学の職員を希望したのも、まさにこういう仕事がしたかったからだ。4年前、N大学によってその希望が受け入れられ、当時の明子は天にも昇る気持ちだった。

仕事上の迷いや不安

　一方で、今の明子には別の複雑な思いもある。というのも、多くの学生に接すれば接するほど、そして彼らの事情を理解すればするほど、留学支援という仕事はそう単純なものでもないということがわかって来たのだ。

　例えば、学生本人がいくら留学したいと言い募っても、その費用を実際に工面する彼らの両親が反対すれば、学生の置かれた状況は困難なものになる。そんな時、何とか留学を実現したいと願う学生の立場に立って、その両親を説得するというのは大学職員、もしくは留学アドバイザーとしての職責を逸脱しているように感じる。

　そもそも、留学アドバイザーには何の権力も強制力もない。加えて、留学することが正しいとは必ずしも言えないし、逆に留学することで学生が就職活動に支障を来す例があることも知っている。そうした事情を全て跳ね除け、それでも留学するのかどうか。それを決めるのはあくまでも学生自身でなければならないと明子は思っていた。

真理からの留学相談

　そして秋。留学相談室にまた1人、悩みを抱える学生がやって来た。文学部の真理である。入学したのは今年の春。つまりまだピカピカの1年生だ。昼食を食べ終え、オフィスに帰って来たばかりの明子が対応する。

　「留学したいんです。もう行き先も決めてるんですけど」。そう言う真理の口調は何故か暗い。この相談室に来る学生は、留学という夢に向かって前向きな態度を示す者が多い。勢い、表情は明るく、口調もそれなりにハキハキしていることが殆どだ。それゆえ、この真理という学生が何らかの悩みを抱えていることは、明子にも薄々想像出来た。まあ、4年も留学相談を受けていれば当然ではあるけれど。明子は心で密かにそう呟く。

　聞けば、真理は入学以来、必修科目も含め殆ど授業に出ていないという。それが本当ならば、このままでは進級に必要な単位が不足し、留年は確実だ。そんな学生がなぜ留学を？　明子の不審はさらに募る。

　「この大学にはそれなりに希望を持って入学したんです。最初は、大学の授業も楽しみで……。だけど、出てみると何だかつまらなくて……。その上、試験だけを乗り切るためにノートの貸し借りという方法があることを知って、何だかそのまま授業を受けることがバカバカしくなって……」

　まあ、ここまではよくある悩みかもしれないと明子は頷きながら聞く。初対面では、相手の話を否定しないことがとても大事だ。

　「なるほど。あなたのように、大学の授業に失望する人は多いのよ。

私自身もそうだったかも。それでも、高校までと違って大学は大きいし、学生に提供している科目はいっぱいあるから、その中で自分に合ったものを選択して行くの。やりたいことはそこで見つかると思うんだけどな。どう？」

「……はい。でも、私が最初に躓いた科目自体、以前から楽しみにしていたものだったので……。大好きな科目が全然ダメだ、自分に合ってないとわかった時点で、もう大学に来ること自体も出来なくなってしまって……。だからそれ以来、友達も全然出来ないんです。高校時代は友達もいっぱいで、あんなに楽しかったのに……」

　そう話す真理の目には徐々に涙が浮かんで来た。絞り出すような最後の言葉は、既に嗚咽に近くなっている。

「そうなのね。それは辛いわね。さ、まず涙を拭きなさい」。明子は真理のために、ポケットからハンカチを取り出した。

「でも、留学を思いついたのはどうしてなの？　それを話してくれない？　ゆっくりでいいから」。明子は努めて優しく尋ねる。

「あの……。テレビで、アメリカの大学が紹介されていたんです。緑のキャンパスがそれはもう美しくて。こういうところなら気分が変わるかもしれないと、ある時思い始めて。そうすると何だか、留学することが今の私には当然のように思えて来たんです」

「…………」

「それで、父と母に話したら賛成してくれて。私が大学に行っていないことも知ってますし。お前の大学には協定校があるはずだから自分で探してみろって」

「な、なるほど。それで？」

「それで見つけたのが、サンディエゴってところにある SYU という大学です。アメリカですよね？　HP を見たんですけれど、テレビで紹介されてた大学よりも断然綺麗で。その上、海も近いらしくて。どうしてもそこで勉強したいんです」

「SYU なら英語だよね。真理さんは英語、出来るんだっけ？」

「はい、英語はまあまあです。高校時代から嫌いではなかったですし。この大学に入って最初に受けた TOEFL は確か 56 点でした。それ以降、余り勉強もしてないんですけど」

「そう。協定校だと、交換留学ということになるから、学内選抜のための競争もあるわよ。大丈夫？」

「はい、留学さえすれば何とかなると思うんです。変われると思うんです、私……」

X教授の話

「ああ、あの学生ね。覚えてるよ。確か前期の僕の授業を取ってたね。おとなしくて目立たない学生だったけど、ある時、課題を提出しに来たので、僕の指示が守られていないよと突き返したんだよね。あ、もちろん、優しく言ったつもりだったけど」

「なるほど。それで、その後は？」

「うん、なぜかその後、授業にも来なくなってしまったんだよね」

パソコンを操作しながら、X教授はそう話した。真理の相談を受けた後、明子は確認のために彼女が受けていたという必修科目の担当教員にアポを取って面会に行ったのだ。

「あ、ほらほら。この通り。毎回ちゃんと出欠を取って記録してるから。真理さんは……最初の 3 回しか出てないね。必修科目だから、落と

すと進級出来なくなるんだけどなあ」

　そう話すX教授の口調は、明子にはなぜか他人事のように聞こえた。

明子の悩み

　これまでの調査で明らかになったのは、誰の助けもなく、真理が１人で悩んでいたという事実だ。確かに可哀想ではある。ただ、学生時代、アルバイトに明け暮れた自分が言うことではないかもしれないが、大学生なら他の選択肢があることに気づくべきなのではないか。授業が面白くないならサークルやクラブ、地域のボランティア、果てはアルバイトまで。学生時代を活性化させるための知恵や選択肢は幾らでも出て来そうに思うのだが。

　でも、最近は大学や学生生活への不適応を示すこうした学生が増えて来た。それが明子の実感でもある。頭ごなしに「こうすべき」と伝えてみても、何も変わらない、何も生まないことはもとより重々承知している。

　ではどうするか。明子は自分自身の経験を思い返してみる。確かに、私は留学を通して変わったと思う。人間的に成長したし、何より自分に自信が持てた。未知のものに対する心理的な抵抗がなくなり、生き方が前向きになった。しかしそれは、当時の自分がそれなりに大人だったからではないだろうか。色々なものを吸収出来たのは、そのための土台がしっかりしていたからではないのだろうか。

　果たして、今の真理に当時の私のようなゆとりがあるだろうか。彼女とは昨日、二度目の面接を行なったが、留学に対する意思は依然固い。両親が賛成していることも、彼女にとっては追い風になっているようだ。留学アドバイザーとしては真理の意思を尊重してあげるべきなのだろうか。明子の判断はまだつかない。

「留学すれば何とかなりそう」指導要領

1　ケースの概要

　私立N大学に通う真理は、ある事情から入学以来半年もの間、半ば不登校気味である。そんな時、テレビで見たアメリカの大学に憧れ、留学を志すようになる。両親も賛成。留学アドバイザーとして4年目の明子が彼女の相談を受けるが、さて……？

2　ケースの目的

　通常、海外への留学は何らかの前向きな行為として捉えられることが多い。しかし実際には、消極的な選択肢として留学を希望する場合も珍しくなく、最近はそうしたケースが増えているとも聞く。

　本ケースはそうした事例の一つである。留学アドバイザーとしては、留学を勧めたい気持ちは自然に持ち合わせているだろう。アドバイザー自身に留学体験があれば、そしてそれが好ましい事例であれば尚更である。

　けれども、時には留学を諫める必要のあることもある。あなたが明子ならどうするか。それを考え、アドバイザーとしての彼女の役割や悩みを疑似体験して欲しい。

3　対象／必要な予備知識

　本ケースの対象としてはまず、主人公である明子と同様に大学等の教育機関で学生のための留学相談を業務とする教職員、そしてそれ以外にも、民間の留学エージェントで同様の業務を行うアドバイザー及びコンサルタントらを念頭に置いている。

　また、本件を留学というイシューから切り離し、大学による広義の学生支援、或いはそのマネージメントとして捉えることも可能であり、そうした観点からは当該関係者が読んでも十分自らの問題として受け止めることは可能であろう。

　本ケースを議論するに当たって必要な予備的知識といったものは特にないが、高等教育学の中の一分野である学生発達、または（教育）心理学等の知識があれば役立つのではないか。

4　演習の方法と学習の目的

　本ケースではまず、講師が学生に尋ねる形で一通り基本事項を確認する。その後は、実際に学生によるロールプレイングへと進むことを推奨する。

　ロールプレイングでは、2〜3人程度のグループを作り、アドバイザー役と学生役に分かれて模擬カウンセリングを行う。学生役は1人が望ましいが、アドバイザー役は1人でも2人でも良い。

　基本事項の確認では、本ケースで示された情報を整理し、それらを全員で共有する。そこに登場する最も本質的な問題は何かについて、学生全員に考えてもらうことがその目的である。

　ロールプレイングの目的はまず、真理の追い込まれた心理状態や留学アドバイザーである明子の悩みを学生に疑似体験して貰うことである。ひいてはそれにより、アドバイザー役と学生役双方が果たして正しい

（或いは好ましい、望ましい）判断へと到達するかどうかを確認して欲しい。それ以外の詳しい演習方法は次々項を参照。

5　検討課題（予習用宿題）の例

(1) 留学アドバイザーとはどのような仕事、役割なのか、具体的に説明して下さい。

(2) 留学を希望する学生の親から、電話で相談を受けました。あなたが留学アドバイザーならどう対処しますか。

(3) 留学することは常に善ではないかもしれません。善ではない場合があるとすれば具体的にどのようなケースでしょうか。

(4) 授業に出て来なくなった友人がいます。あなたならどういう行動をとりますか。

(5) あなた自身は留学に前向きですか、後ろ向きですか。その理由は具体的にどのようなものですか。

(6) 真理との三回目の面談までにどのような事項・情報を確認しておくべきでしょうか。自分自身が明子になったつもりで、その確認リストを作ってみて下さい。

確認リストの例：

確認リスト

真理について
1. これまでに選択した授業と取得単位
2. 上記科目担当教員の感想
3. 真理の友人の存在（いれば聞き取り）
4. 真理の高校時代の情報（担任教師等から聞き取り）

SYUについて

1. SYUの要求する英語力

2. 学内選抜の実際とそのレベル

3. 過去の交換留学生からの経験談

不登校への対処法について

1. 学生相談室のシステムに関する情報

2. 担当教員からの助言

(7) 同様に、真理との三回目の面談で留学アドバイザーとしてどのような質問をするか、予定を立ててみて下さい。

6　授業計画（90分）

(1) 基本事項の確認（5分）

登場人物やケースの概要など、ケースに記載されている基礎事実を確認する。

(2) 本ケースのテーマの確認（10分）

本ケースが訴えようとしている主要な論点や内容を確認する。

(3) 全体討議1（10分）

真理が留学に関心を抱いた理由につき、その背景や妥当性を全体で討議する。

(4) 全体討議2（10分）

留学アドバイザーの仕事とはどのようなものか、その役割とは何かを話し合う。

(5) グループディスカッション1（15分）

自分が明子ならどのような行動をとるか、について4人程度のグループで話し合う。確認リスト（上記5(6)）に不備がないかをグ

ループごとに話し合う。シミュレーションを実施するのも一興。

(6) ロールプレイング或いはシミュレーション（20分）

2〜3人程度のグループを作り、アドバイザー役と学生役に分かれて
模擬カウンセリングを行う。

(7) エピローグの紹介（5分）

(8) 全体討議3（10分）

エピローグを受け、ケースに関する感想も含め全体で話し合う。

(9) 講評（5分）

全体を通しての講師による評価、コメントなど。

7　ケース執筆者のコメント／補足

(1) 真理が交換留学生に関する学内選考で不合格となった場合について、本ケースでは敢えて触れていない。時間があれば、この点についても留学アドバイザーとしてどう対処・助言するのか、話し合って欲しい。

(2) 同じく本ケースでは、(明子の個人的な思いは別として) 留学アドバイザーが通常、学生の両親とどのように関わるのかについて詳しく触れていない。時間があれば、この点についても留学アドバイザーとしてどう対処するのか、話し合って欲しい。

「留学すれば何とかなりそう」エピローグ

　「なるほど、そういうことか」。明子は初めて合点がいった。以前、同じ留学支援課で働いていた二つ上の先輩が突然辞めた理由だ。

　「先輩、辞めるって本当ですか」
　「本当よ。ちょっと重くなって来てね」
　「重くなったって、何がですか」
　「留学アドバイザーって、学生の人生背負っちゃうとこあるでしょ」
　「…………」
　「この仕事、最初は面白かったんだけどね。自分の経験も思いっきり生かせるし。それで大抵の学生が喜んでくれるんだから、こっちも嬉しかったわよ。学生が帰国して最高の笑顔で報告に来てくれた時なんて、感動したな。アドバイザーとしていい仕事したなって」
　「私は今もそうです。先輩は違うんですか」
　「そう、時が経つほどね。まあ、あなたもそのうちわかるわよ」

　確かそんな会話だった。当時は先輩の思いが理解出来なかったが、今ならわかる。留学アドバイザーは決して楽しいだけの仕事じゃない。だって留学自体、常に前向きな行為とは言えない。真理の相談を受けて心からそう感じる。
　あれから同じ課の同僚にも、留学を担当する数人の教員にも真理の名前を伏せて相談してみた。感想は皆同じ。現時点での留学は思いとどまらせた方が良いというものだった。長い人生、その方が学生のためだとも。
　真理がアメリカのSYUに憧れを抱いているのは確かだ。けれど1年前

は、このN大学に憧れそこへ入ろうと努力していたのだ。それが上手く
行かなかったからと行ってたとえ海外へ逃げても、それはただの現実逃
避に過ぎない。明子はそう確信した。

　そもそも真理の英語力では、現地のネイティブ話者と質の高い会話を
交わすのは不可能だろう。困難を抱えた時にどうするのか。言葉にハン
ディのない日本の大学ですら上手く行かなかったのに、それ以上に大き
なハンディのあるアメリカの大学なら上手く行くという保証はどこにも
ない。

　明日は真理との三度目の面談だ。思い切って打ち明けよう。但し、言
い方は難しいな。出来るだけ彼女の気持ちを傷つけないようにしなく
ちゃ。明子はそんなことを考えながら眠りに落ちた。

あとがき

　内向き志向という言葉がある。本書で指摘したように、2010年を境として、国の留学生政策が受け入れから送り出しに大きく舵を切ったのは、丁度その頃に若者が海外へ行きたがらないという、内向き志向の傾向がメディアなどで報道され始めたからである。実際それ以降、留学支援に携わる識者や関係者の間でも、この言葉が頻繁に用いられるようになった。もちろん、否定的な意味合いが強い。

　果たして、現代の若者は本当に内向きなのだろうか。そのことに関して今、筆者の手元には二つの異なるデータがある。一つは国立青少年教育振興機構による「高校生の留学に関する意識調査」で、実に48.6％もの高校生が海外へ留学したいとは思わないと答えた、という。この数値は同時に調査した米国や中国、韓国の高校生たちのそれを上回っている、とも。

　当該事実を報じた読売新聞の夕刊記事（2019年6月26日）を読めば、多くの人はやはり今の若者は内向きなのだと合点したことだろう。実際、記事の見出しも「高校生『留学イヤ』半数　4か国調査　日本は内向き志向」となっている。

　もう一つのデータは同じ読売新聞に掲載された、翌日朝刊の記事だ。「『日本は良い国』8割近く」と題したその記事は、日本財団による「18歳意識調査」の結果を紹介している。それによれば、17歳から19歳の日本人男女のうち、52.8％が海外生活に興味があると答えたという。この記事を読んだ人の印象はどうであろう。今の若者は国際派だなとさえ考えるかもしれない。

　考えてみれば、これら二つの異なる調査結果は一見矛盾しているよう

で、実は十分に両立し得るものだということがわかる。要は、同年代の若者の半数は海外に関心があり、残る半数はそうでもないというだけの話だ。

　私たち多くの大人による思い込みは、単にメディアに印象操作されているに過ぎない。事実は一つなのである。冷静になろう。内向きなどと予断を持って若者を見るのはもうやめよう。

各章論文タイトルの初出誌一覧

序章、第4章及び第5章

大西好宣（2014）「教育外交と留学生政策：米国とイランとの関係を参考に」『留学生教育』第19号、pp.1-11.、留学生教育学会（招待論文）

第1章及び第2章

大西好宣（2018）「グローバル人材とは何か─政府等による定義と新聞報道にみる功罪」『人文公共学研究論集』第36号、pp.168-183.、千葉大学

第3章

大西好宣（2008）「日本人学生の海外留学促進に関する提言：2020年への挑戦」『留学生教育』第13号、pp.109-117.、留学生教育学会

第3章の一部及び第6章

大西好宣（2019）「短期留学及びその教育効果の研究に関する批判的考察：満足度調査を超えて」『JAILA JOURNAL』第5号、pp.51-62.、日本国際教養学会

第7章

大西好宣（2018）「グローバル人材と留学─学生を海外に派遣するその前に─」『留学交流』Vol.89、pp.11-22.、日本学生支援機構

第8章

大西好宣（2007）「企業が評価する日本人のアジア留学：欧米留学との比較から」『留学生教育』第12号、pp.9-23.、留学生教育学会

終章

大西好宣（2011）「SDのためにケースメソッドの活用を」『大学マネジメント』Vol.6. No.11、pp.21-24.、大学マネジメント研究会

Yoshinobu ONISHI（2017）"Academic Advisors and Study Abroad Counselors in Japan," *Academic Advising Today*, December edition, National Academic Advising Association

巻末付録のケース及び指導要領（ティーチングノート）

筆者書き下ろし

各章末コラム論文タイトルの初出誌一覧

コラム0

大西好宣（2009）「書評：明治の女子留学生最初に海を渡った五人の少女（寺沢龍著）」『留学生教育』第14号、p.101.、留学生教育学会

コラム1

筆者書き下ろし

コラム2

大西好宣（2010）「書評：世界を変えてみたくなる留学ハーバード・ケネディスクールからのメッセージ（池田洋一郎著）」『留学生教育』第15号、p.85.、留学生教育学会

コラム3

大西好宣（2012）「書評：日本の留学生政策の評価人材育成、友好促進、経済効果の視点から（佐藤由利子著）」『留学生教育』第17号、p.161.、留学生教育学会

コラム4

大西好宣（2006）「タイ王国への大学院留学」『留学交流』Vol.18. No.4、pp.22-23.、日本学生支援機構

コラム5

大西好宣（2017）「教育と外交−異なる位相の異なる夢想−」『留学交流』Vol.73、pp.7-15.、日本学生支援機構

コラム6

大西好宣（2017）「衆院選当選議員に見る海外留学地図」、アゴラ・言論プラットフォーム（Yahooニュースにも転載）

コラム7

大西好宣（2018）「書評：グローバル教育を考える」『人文社会科学研究』第37号、pp.82-85.、千葉大学

コラム8

大西好宣（2004）「日本とASEANの未来〜私の経験から」神戸大学ASEANウイーク懸賞公募論文（最優秀書受賞）

コラム9

大西好宣（2018）「アカデミック・アドバイジング（学修支援）の現在と未来：米国NACADA2018年次大会に参加して」『大学マネジメント』Vol. 14. No. 8、pp.37-45.、大学マネジメント研究会

索 引

人名・団体名など

186

その他一般

著者紹介

大西　好宣（おおにし・よしのぶ）

1961年、兵庫県姫路市生まれ。慶應義塾大学経済学部卒業後、NHK職員、民間財団研究員、国連職員、大阪大学教授等を経て現在、千葉大学教授。米コロンビア大学国際公共政策大学院修士課程及びタイ国立チュラロンコン大学高等教育大学院博士課程修了。高等教育学博士（Ph.D.）。主たる専門は比較高等教育論で、中でも特に留学（生）政策に関する論文多数。経済産業省プロジェクト委員、留学生教育学会理事等を歴任。ラグビー観戦の趣味が高じ、近年は大学スポーツやラグビー関連の研究も行う。

海外留学支援論── グローバル人材育成のために ──

2020 年 3 月 31 日　　　初 版第 1 刷発行　　　　　　　　〔検印省略〕
　　　　　　　　　　　　　　　　　　　　　　　定価はカバーに表示してあります。

著者 ©大西好宣　／　発行者　下田勝司　　　　　印刷・製本／中央精版印刷

東京都文京区向丘 1-20-6　　郵便振替 00110-6-37828
〒 113-0023　TEL (03) 3818-5521　　FAX (03) 3818-5514　　　発　行　所　株式会社 東信堂

Published by TOSHINDO PUBLISHING CO., LTD.
1-20-6, Mukougaoka, Bunkyo-ku, Tokyo, 113-0023, Japan
E-mail : tk203444@fsinet.or.jp　http://www.toshindo-pub.com

ISBN978-4-7989-1594-4　C3037　Ⓒ Yoshinobu ONISHI

東信堂

〒113-0023 東京都文京区向丘1-20-6　TEL 03-3818-5521　FAX03-3818-5514　振替 00110-6-37828
Email tk203444@fsinet.or.jp　URL:http://www.toshindo-pub.com/

※定価：表示価格（本体）＋税

── 東信堂 ──

〒113-0023　東京都文京区向丘 1-20-6
TEL 03-3818-5521　FAX03-3818-5514　振替 00110-6-37828
Email tk203444@fsinet.or.jp　URL·http://www.toshindo-pub.com/

※定価：表示価格（本体）＋税

〒113-0023　東京都文京区向丘1-20-6　　TEL 03-3818-5521　FAX03-3818-5514　振替 00110-6-37828
Email tk203444@fsinet.or.jp　URL:http://www.toshindo-pub.com/

※定価：表示価格（本体）＋税